KB090431

개정판

NCS 기반

호텔실무 중국어회화

이현주·김숙향·최윤서 공저

酒店汉语口语

Chinese for Hospitality Business

중국인 관광객은 해마다 증가하고 있습니다. 우리나라가 중국과 지리적으로 가까운 거리에 위치해 있고 한류의 영향이 커지면서 한국을 방문하는 중국인 관광객의 수는 기하급수적으로 증가하는 추세입니다. 그러나 중국인 관광객의 대다수는 언어소통과 음식 등 여러 가지 면에서 불편을 느끼고 한국여행에 대한 불만을 토로하고 있습니다. 이러한 부분에 대한 질적인 개선이 이루어지지 않는다면 중국인 관광객 유치의 장기적인 미래를 장담하기는 어려울 것으로 보입니다.

백산출판사

중국은 2016년 기준 GDP 규모가 11조 달러를 넘어선 경제규모 세계 2위 국가이면서 동시에 2016년 PPP(구매력 평가지수)는 세계 1위, 2016년 인구 13억여 명의 세계 1위 국가 중국, 이는 현재 우리가 중국을 바라보는 시선이며 이에 중국 시장을 바라보는 세계 각국의 시선은 매우 강렬하다고 할 수 있습니다.

국내 내수경기에도 지대한 영향을 미치는 있는 '요우커(游客)'로 불리는 중국 관광객들의 연휴기간 해외 소비가 가장 활발한 지역이 한국으로 조사되기도 했으며, 한국을 방문하는 요우커(游客) 또한 증가세를 보이고 있음을 다양한 보도자료를 통해 확인할 수도 있습니다. 이렇듯, 해마다 증가하고 있는 중국인 관광객은 중국과 가까운 거리에 위치한 지리적 요인과 한류의 영향으로 한국을 방문하고 있지만 중국인 관광객의 대다수는 언어소통과 음식의 불편에 대해 토로하고 있어, 이러한 부분의 질적 개선이 이루어지지 않는다면 중국인 관광객 유치의 장기적 미래를 장담하기는 어려울 것으로 판단됩니다.

이에 본서에서는 탁월한 지리적인 접근성을 바탕으로 날로 성장하고 있고, 앞으로도 큰 성장이 예측되는 중국 관광객들의 한국 방문에 도움이 되고자 중국인 관광객을 실제 고객으로 응대하고 서비스 접점에서 서비스를 창출하고 있는 호텔숙박업 종사자들을 위한 기본적이고 필수적인 호텔실무 중국어를 이 책에 담게 되었습니다.

현장 경험과 교육 경험이 풍부한 저자들의 경험을 고스란히 담은 현장에서 바로 활용될 수 있는 호텔실무 중국어 회화로 구성!

전 구성에 걸쳐 호텔현장에서 제공되는 서비스의 절차를 바탕으로 한 현장

맞춤형 중국어로 최적화 하였습니다. 저자들은 다년간 호텔관광분야에서 학생들을 지도해 왔으며, 졸업생 대부분이 호텔에서 근무를 하며 이 책에 담긴 내용들로 현장에서 고객응대를 성공적으로 수행하고 있습니다.

NCS(국가직무능력표준)에 따른 객실관리, 부대시설관리, 접객서비스 등의 호텔 서비스 직무를 바탕으로 한 현장감 있는 중국어 회화 구성!

호텔서비스 만족도에 가장 큰 영향을 미치는 인적자원에 대한 현장 맞춤형 교육의 기반을 NCS(국가직무능력표준)로 삼고 교육현장과 산업현장의 미스 매칭을 줄여줄 수 있는 동시에 호텔현장에 투입 시 바로 활용할 수 있는 업무프로세스별 호텔서비스 중국어를 현장감 있게 표현하였습니다.

마지막으로 교육의 품질 향상에 바른 지침을 제시해 주시는 함동철 학장님과 본서에 담아낼 호텔실무 중국어 연구와 작업에 함께 해 주신 김숙향 교수님, 최윤서 교수님, 그리도 다방면으로 도움을 주신 모든 분들께 감사의 말씀을 드립니다.

본서가 중국인 관광객 응대에 수월한 지침을 줄 수 있길 기원합니다.

이 현 주

NCS 숙박서비스란?

	01 숙박기획 · 개발	02 객실관리	03 부대시설관리	04 연회관리	05 접객서비스
6 이사	관리이사	객실이사	식음료이사		
5 부장	관리부장 세일즈 & 마케팅부장	객실부장	식음료부장	연회판촉부장	
4 과장	지원부서장	프런트데스크 지배인 객실관리과장	식음료 지배인	연회 지배인 연회판촉 지배인	당직 지배인
3 계장 혹은 대리	지원부서대리	프런트데스크 부지배인	식음료 부지배인	연회 부지배인	
2 주임	지원부서주임	프런트데스크 주임	식음료 캡틴	연회 캡틴	GRO, 컨시어지, 비즈니스센터담당
1 사원	코디네이터	프런트테스크 어텐던트, 예약담당	식음료 서버	연회 서버연회판촉담당	벨맨, 도어맨

- **숙박서비스 분야**는 크게 고객에게 서비스하는 **접객부서**(Front of the House)와 **지원부서**(Back of the House)로 구분할 수 있다. 객실관리, 부대시설관리, 연회관리, 접객서비스는 접객부서에 해당하고 숙박기획·개발은 지원부서에 해당한다. 본 교재는 이 두 부서에 대한 내용을 전반적으로 포함하고 있다. (본 교재는 NCS에서 소개하는 능력단위 가운데 중국어가 필요한 접객서비스 부분을 대부분 다루었다.)
- 위의 표에서 보이는 접객부서의 1, 2 수준은 주로 고객을 대상으로 서비스하는 업무를 수행하고, 3수준 이상으로 올라가면 담당 업장이나 부서를 관리하는 업무까지 포함한다.
- 숙박서비스 분야는 여타 산업에 비해 인적 자원의 의존도가 높다. 따라서 서비스 의식이 투철하고 숙련된 직무능력을 보유한 직원을 고용해야만 기업의 질적 수준이 높아지고 이익이 증대된다. 전문 인력을 양성하기 위해 표준화된 교육체계를 바탕으로 한 실무중심교육이 필요하다.

목차

1. 푸통화 普通话

중국어의 표준어를 '普通话 푸통화'라고 한다. 중국어는 크게 7개의 방언으로 나뉘어 있으며, 현대 중국어의 표준어는 그중 북경 지역을 중심으로 하는 북방 방언을 표준으로 정하고 있다.

2. 간체자와 번체자

우리나라에서 쓰는 한자와 같은 형태는 '번체자'라고 하며, 이는 현재 홍콩, 대만 등의 광둥지역에서 쓰고 있다. 우리가 배울 표준어에서 사용하는 한자는 번체자를 일정한 규칙하에 비교적 간단하게 간화한 것으로, '간체자'라고 한다.

예 번체자 國 (나라 국) → 간체자 : 国
語 (말씀 어) → 간체자 : 语

3. 한어병음 – 성조, 성모, 운모

중국어는 표의문자(뜻을 표기하는 문자)이므로, 알파벳을 이용하여 발음을 표기한다. '한어'는 '한족이 쓰는 언어'라는 의미로 '중국어'를 가리키며, '병음'은 '발음'을 뜻한다. 한어병음은 다음과 같이 '성조', '성모', '운모'의 세 가지로 구성된다.

예 汉 hàn

(1) 성조

성조는 중국어 한 글자마다 가지고 있는 음의 높낮이를 말하며, 아래 표와 같이 네 개의 성조가 있다. 성조에 따라 의미가 달라지므로 정확하게 발음하는 게 중요하다.

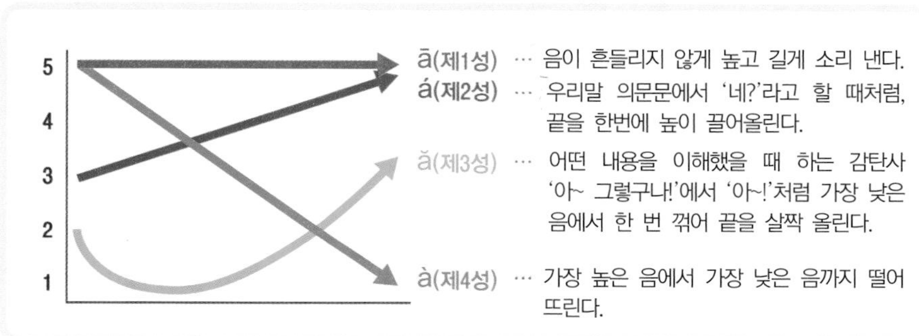

5
4
3
2
1
ā(제1성) … 음이 흔들리지 않게 높고 길게 소리 낸다.
á(제2성) … 우리말 의문문에서 '네?'라고 할 때처럼, 끝을 한번에 높이 끌어올린다.
ǎ(제3성) … 어떤 내용을 이해했을 때 하는 감탄사 '아~ 그렇구나!'에서 '아~!'처럼 가장 낮은 음에서 한 번 꺾어 끝을 살짝 올린다.
à(제4성) … 가장 높은 음에서 가장 낮은 음까지 떨어뜨린다.

경성

아주 짧고 가볍게 소리 내며 성조표기를 하지 않는다.

성조표기 위치

대부분 운모 중 모음 위에 표기하며, 두 개 이상의 운모가 함께 나올 시 입이 더 크게 벌어지는 것에 우선순위를 둔다.

a > e > o > i > u > ü

단, iu와 ui는 위 규칙에 관계없이 뒤쪽 모음에 표기한다.

예 liú　duì

i위에 성조를 표기할 경우 위에 점을 떼고 표기한다.

예 ī　í　ǐ　ì

성조의 변화

실제 발음 시에는 변화된 성조로 하고, 표기는 원래 성조대로 한다. 실제 발음 시 성조가 변화하는 경우는 아래와 같다.

• 제3성의 성조변화

3성 뒤에 연이어 3성이 나올 때, 앞에 3성은 2성으로 바꾸어 발음한다.

예 Nǐ hǎo → Ní hǎo

3성 + 3성 → 2성 + 3성

3성 글자 뒤에 3성 이외 다른 성조 및 경성이 나올 때, 앞에 3성을 가장 낮은 음에서 꺾이기 전까지 반만 발음한다. 이를 '반3성'이라 한다.

예 lǎoshī Měiguó hǎokàn jiějie

• 不의 성조변화

不는 원래 'bù' 4성이나, 뒤에 또 4성의 글자가 나올 경우 앞에 'bù'는 'bú' 2성으로 바꾸어 발음한다.

예 bù shì → bú shì

4성 4성 → 2성 + 4성

• 一의 성조변화

'一 yī' 뒤에 1,2,3성이 나올 때, 앞에 '一 yī'는 '一 yì' 4성으로 바꾸어 발음한다.

예 yìtiān yì píng yìqǐ

'一 yī' 뒤에 4성 및 경성이 나올 때, 앞에 '一 yī'는 '一 yí' 2성으로 바꾸어 발음한다.

예 yígòng yí ge

(2) 성모

초성에 해당하는 음으로, 한어병음의 첫머리 자음을 가리킨다.

쌍순음	b	p	m		두 입술을 붙였다 떼면서 내는 소리
순치음				f	윗니와 아랫입술을 붙였다 떼면서 내는 소리
설첨음	d	t	n	l	혀끝과 입천장을 닿았다 떼면서 내는 소리
설치음	z	c	s		혀끝과 앞니를 마찰하며 내는 소리
권설음	zh	ch	sh	r	혀를 둥글게 안쪽으로 말아 넣은 상태로 내는 소리
설면음	j	q	x		혀를 편평하게 편 상태로 내는 소리
설근음	g	k	h		혀뿌리에서 나오는 소리

(3) 운모

우리말의 중성과 종성을 합한 것으로, 한어병음에서 성모를 제외한 나머지 모두를 가리킨다. 운모의 대부분은 모음이지만, 종성에 해당하는 'n'과 'ng' 두 자음도 포함되며, 이 중 'n'은 성모와 운모에 모두 포함된다. 아래 단운모가 최대 세 개까지 결합하여 복운모를 형성한다.

a	e	o	i	u	ü	n	ng

✓ 영성모

한어병음에서 성모가 없어서 첫 자음 소리가 없는 것을 '영성모'라고 한다. 첫 자음의 소리가 없을 때 우리말 모음 '아'의 초성에 'ㅇ'을 쓰는 것처럼, 중국어에서는 'y'나 'w'를 써준다. 성모 없이 한어병음의 시작이 모음 i일 때는 'yi', u일 때는 'wu', ü인 경우에는 ü 위에 점을 떼고, 'yu'로 표기한다.

ü의 표기 변화

성모 j, q, x 뒤의 ü는 한어병음 ju, qu, xu로 표기하며, 발음은 ü 그대로 한다.

i 의 발음 변화

• '으'

성모가 z, c, s, zh, ch, sh, r일 때 뒤에 'i'는 '으'로 발음한다.

zi ci si zhi chi shi ri

• '이'

위 성모를 제외한 나머지 성모와 결합 시에는 '이'로 발음한다.

e의 발음 변화

• '으어'

모음이 'e'만 있을 때는 '으어'로 발음한다.

예 hen ge de

• '에'

'e'가 'ie, ei, üe'처럼 다른 모음과 결합 시 '에'로 발음한다.

예 jie lei nüe

ian은 '이엔'으로 발음하고, an은 '위엔'으로 발음한다.

예 jian juan

운모 iu의 실제 발음은 중간에 'o'음을 넣어서 [iou]로 한다.

예 liu jiu

운모 ui의 실제 발음은 중간에 'e'(에) 음을 넣어서 [uei]로 한다.

예 dui　gui

운모 un의 실제 발음은 'u' 음에 'en'음을 연이어서 발음한다.

예 dun　lun

4. 격음부호

한 단어 안에서 뒤에 이어 나오는 한자 발음의 시작이 a, e, o일 때, 앞 음절의 발음과 경계를 분명히 하기 위해 모음 앞에 '(격음부호)를 쓴다.
나머지 모음인 i, u, ü는 한어병음 표기 시 yi, wu, yu로 하므로 격음부호를 쓸 필요가 없다.

예 Tiān'ānmén　Shǒu'ěr

1. 인사하기

你好! Nǐ hǎo!	您好! Nín hǎo!	안녕하세요.
再见! Zàijiàn!	拜拜! Bàibai!	잘 가세요.
认识你很高兴。 Rènshi nǐ hěn gāoxìng.		만나서 반갑습니다.
好久不见! Hǎo jiǔ bú jiàn!		오랜만입니다.
谢谢! Xièxie!		고맙습니다.
不客气! Bú kèqi!	不谢! Bú xiè!	천만에요.
不好意思。 Bù hǎo yìsi.	对不起。 Duìbuqǐ.	미안합니다.
没关系。 Méi guānxi.		괜찮습니다.

2. 숫자 익히기

0	1	2	3	4	5	6	7	8	9	10
零	一	二	三	四	五	六	七	八	九	十
líng	yī	èr	sān	sì	wǔ	liù	qī	bā	jiǔ	shí

백	천	만
百	千	万
bǎi	qiān	wàn

- 방 호수, 차량번호 및 전화번호 등 숫자를 한 자리씩 읽을 때는 '一(yī)'를 '幺(yāo)'로 읽는다.
- 단위가 아닌, 숫자 100, 1000, 10000을 말할 때는 각 단위 앞에 '一'을 넣어 '一百(yì bǎi)', '一千(yì qiān)', '一万(yí wàn)'이라고 말한다.

- 숫자 2는 '二(èr)'이며, 양을 셀 때 쓰는 '둘'은 '两(liǎng)'이라고 한다. 즉, 양을 나타내는 수와 명사 사이에는 명사의 개수를 세는 양사가 필요한데, 양사 앞에서 2는 항상 '两(liǎng)'을 쓴다.

  예 两个人, 两天

- 중국어로 해는 年(nián), 월은 月(yuè), 일은 号(hào)라 한다.
  중국어에서 연도는 숫자를 하나씩 읽는다.

  예 2015年 → 二零一五年 (èr líng yī wǔ nián)

• 요일은 星期(xīngqī) 혹은 周(zhōu) 뒤에 숫자를 넣어 표현하며, '일요일'은 다음과 같이 두 가지로 표현한다.

월요일	화요일	수요일	목요일	금요일	토요일	일요일
星期一	星期二	星期三	星期四	星期五	星期六	星期天 星期日
xīngqīyī	xīngqī'èr	xīngqīsān	xīngqīsì	xīngqīwǔ	xīngqīliù	xīngqītiān xīngqīrì

시간 표현

시	분	15분(단위)	30분	~전
点	分	刻	半	差
diǎn	fēn	kè	bàn	chà

2:15 两点十五分 两点一刻

2:45 两点四十五分 两点三刻 差一刻三点

12:05 十二点五分

12:05 十二点三十分 十二点半

• 중국의 화폐는 人民币(Rénmínbì 런민삐)라고 하며, 가격표는 RMB, CNY, ¥, 元 등으로 표기한다. 1元은 10角이며, 100分이다. 현재 물가를 고려했을 때, 分은 통용되지 않고 角 또한 한국 화폐 10원 단위로 점점 사라지고 있는 추세다. 회화에서 사용하는 단어는 화폐에 적힌 것과 다소 차이가 있다.

元 (yuán) 角 (jiǎo) 分 (fēn)	➔	块 (kuài) 毛 (máo) 分 (fēn)

- 1元 이하는 지폐와 동전이 함께 사용되고 있다.
- 1元의 10분의 1 단위로, 한국 돈의 10원대에 해당하는데 실제로는 元 단위보다 화폐의 크기가 작다. 현재 중국 물가의 상승으로 인해 사용이 급격히 줄고 있는 추세이다.
- 중국 화폐 중 가장 큰 단위는 100元(위안)이다. 한국 돈으로 대략 18,000원에 상당하는 액수이다(2016년 3월 환율 기준).
- 이하, 50元, 20元, 10元, 5元, 2元, 1元 단위의 지폐가 있다. 신권으로 교체하는 과정에서 신권과 함께 다른 형태의 구권 화폐가 함께 통용되고 있다(사진은 신권).

NCS 기반
호텔실무 중국어회화

제 1 과

客房管理
객실관리(1)

제 1 과 客房管理 객실관리(1)

객실관리는 고객의 편안하고 안락한 투숙을 위해 예약접수, 체크인&아웃, 객실과 공용지역 정비 및 호텔 세탁물 관리 등의 서비스를 제공하여 최상의 객실상품을 창출하는 업무이다.

Room Management

客房管理

Kèfáng guǎnlǐ

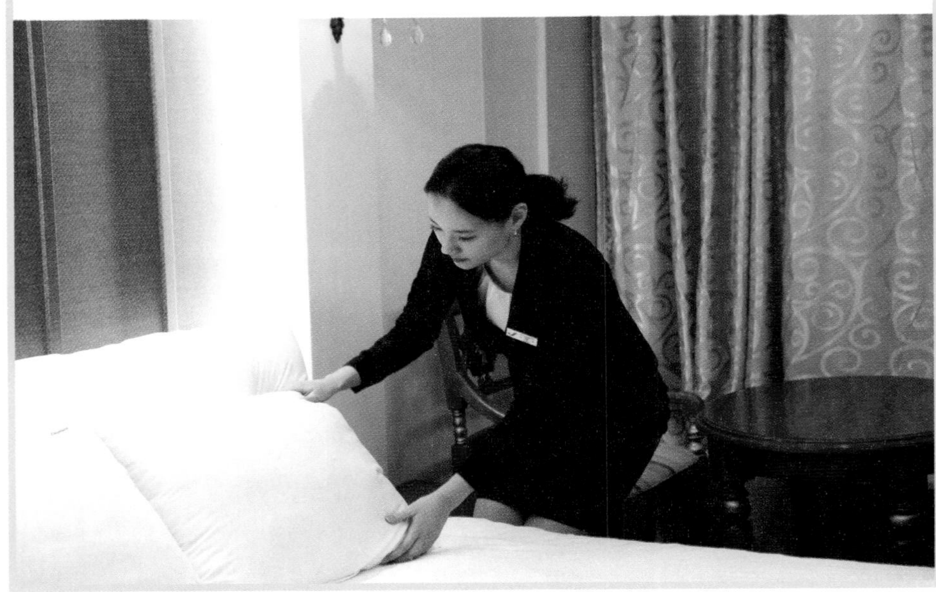

객실 예약접수

▸ **NCS 실무**

예약접수는 객실 및 부대시설 이용정보를 파악하고, 예약현황과 고객의 이력을 확인하며, 예약관련 자료를 작성하고 변경사항을 처리하는 업무이다.

Room Reservation

客房预订接受

Kèfáng yùdìng jiēshòu

단어

1	首尔	Shǒu’ěr	서울
2	酒店	jiǔdiàn	호텔
3	要	yào	~하려고 하다
4	什么	shénme	무엇
5	服务	fúwù	서비스
6	预订	yùdìng	예약하다
7	房间	fángjiān	방, 객실
8	标准房	biāozhǔnfáng	스탠더드룸
9	空	kòng	비어 있는
10	请	qǐng	청하다
11	稍等	shāo děng	잠깐 기다리다
12	帮	bāng	돕다
13	查	chá	찾아보다
14	现在	xiànzài	현재
15	住	zhù	묵다
16	几天	jǐ tiān	며칠
17	多少钱	duōshao qián	얼마예요?
18	间	jiān	(방)~칸
19	贵姓	guì xìng	존함이 어떻게 되십니까?
20	叫	jiào	(~라) 부르다

묻고 답하기

Q 您要什么服务?
Nín yào shénme fúwù?
무엇을 도와드릴까요?

A 我要预订房间。
Wǒ yào yùdìng fángjiān.
방을 예약하려고 합니다.

Q 有没有空房?
Yǒu méiyǒu kòng fáng?
빈 방이 있습니까?

A 请稍等。
Qǐng shāo děng.
잠시만 기다리세요.

Q 您要住几天?
Nín yào zhù jǐ tiān?
며칠 묵을 겁니까?

A 我要住三天。
Wǒ yào zhù sān tiān.
사흘 묵을 겁니다.

Q 一天多少钱?
Yì tiān duōshao qián?
하루에 얼마입니까?

A 一天二百五。
Yì tiān èr bǎi wǔ.
하루에 250위안입니다.

실무회화1 … 예약현황 확인

服务员 fúwùyuán	您好！首尔酒店。您要什么服务？ Nín hǎo! Shǒu’ěr jiǔdiàn. Nín yào shénme fúwù?
客　人 kèrén	喂，你好！我要预订房间。 Wéi, nǐ hǎo! Wǒ yào yùdìng fángjiān.
服务员	您要什么样的房间？ Nín yào shénmeyàng de fángjiān?
客　人	我要标准房，八月三号有空的吗？ Wǒ yào biāozhǔnfáng, bā yuè sān hào yǒu kòng de ma?
服务员	请稍等，我帮您查一下。 Qǐng shāo děng, wǒ bāng nín chá yíxià.

직원 안녕하십니까! 서울호텔입니다. 무엇을 도와드릴까요?
손님 여보세요, 안녕하세요! 방을 예약하려고요.
직원 어떤 방을 원하십니까?
손님 스탠더드룸이요. 8월 3일에 빈 방이 있나요?
직원 잠시만 기다려 주시면 찾아보겠습니다.

실무회화2 … 예약하기

(查后 chá hòu)

服务员　先生，现在有空的。您要住几天?

Xiānsheng, xiànzài yǒu kòng de.　Nín yào zhù jǐ tiān?

客　人　两天。一天多少钱?

Liǎng tiān.　Yì tiān duōshao qián?

服务员　二十万块钱。

Èr shí wàn yuán.

客　人　好，我要订一间。

Hǎo,　wǒ yào dìng yì jiān.

服务员　您贵姓?

Nín guì xìng?

客　人　我叫崔美那。

Wǒ jiào Cuī Měinà.

(조회한 뒤)
직원 선생님, 현재 빈 방이 있습니다. 얼마나 머무실 겁니까?
손님 이틀이요. 하루에 얼마지요?
직원 이십만 원입니다.
손님 좋습니다. 방 하나 예약할게요.
직원 성함이 어떻게 되십니까?
손님 최미나입니다.

해설 & 어휘

要

(1) 조동사

要가 조동사로 쓰일 때는 '~하려고 하다'의 의미이며, 동사 앞에 위치한다.

예 我要预定房间。

Wǒ yào yùdìng fángjiān. 방을 예약하려고 합니다.

(2) 동사

要는 '필요하다, 원하다'의 의미의 동사로 쓰인다.

예 我要标准房。

Wǒ yào biāozhǔnfáng. 스탠다드룸을 원합니다.

인칭대사

	1인칭	2인칭	3인칭		
단수	我 wǒ	你 nǐ / 您 nín	他 tā	她 tā	它 tā
복수	我们 wǒmen	你们 men	他们 tāmen	她们 tāmen	它们 tāmen

★ 咱们 zánmen은 대화를 나누는 상대방을 포함한 '우리'를 뜻함.

호텔

중국어로 호텔을 뜻하는 말은 다양하다. 饭店 fàndiàn, 酒店 jiǔdiàn, 宾馆 bīnguǎn은 고객에게 얼마 동안 머물 곳을 제공한다는 점에서 크게 다르지 않다. 다만 宾馆은 일반적으로 레스토랑과 수영장 및 콘퍼런스 설비나 연회석을 갖추어 객실 외의 서비스를 제공한다는 특징이 있다. 중국의 개혁개방 이전에는 宾馆을, 이후로는 饭店이란 명칭을 더 많이 사용하며, 旅馆 lǚguǎn과 招待所 zhāodàisuǒ는 상대적으로 규모가 작은 숙소이다.

객실종류

• 1인실	单人间	dānrénjiān
• 2인실	双人间	shuāngrénjiān
• 스탠더드룸	标准房	biāozhǔnfáng
• 딜럭스룸	豪华房	háohuáfáng
• 이그제큐티브	行政房	xíngzhèngfáng
• 슈페리어룸	高级房	gāojífáng
• 스위트룸	套房	tàofáng
• 프레지덴셜 스위트	总统套房	zǒngtǒngtàofáng

작문연습

1 다음 빈 칸에 들어갈 적절한 단어를 고르시오.

预订　有　酒店　空　住　几　要　多少

❶ 你 ______ 什么服务?

❷ 我要 ______ 房间。

❸ 我要 ______ 两天。

❹ 有没有 ______ 房间?

❺ 标准房一天 ______ 钱?

2 아래 단어를 이용하여 다음 문장을 중국어로 작문하시오.

服务　姓　住　几　等　别的　要

❶ 무엇을 도와드릴까요?

❷ 성함이 어떻게 되십니까?

❸ 며칠 묵을 예정입니까?

❹ 잠시만 기다려주세요.

❺ 다른 것이 더 필요하십니까?

체크인

▸ **NCS 실무**

고객의 편안한 투숙을 위해 체크인을 준비하며 고객을 응대하고 객실의 정보를 안내해야 한다. 아울러 고객의 정보를 등록하고 단체 투숙객의 체크인을 수행하는 업무이다.

Check In

入住手续

Rùzhù shǒuxù

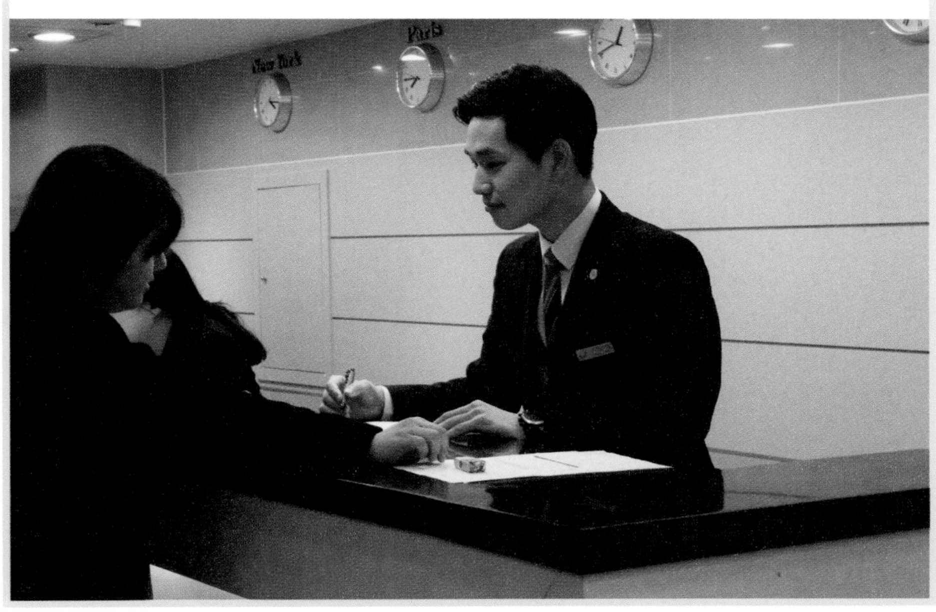

단어

1	欢迎光临	huānyíng guānglín	어서 오세요
2	给	gěi	(…에게) …을〔를〕 주다
3	护照	hùzhào	여권
4	含	hán	포함하다
5	早餐	zǎocān	조식
6	套房	tàofáng	스위트룸
7	对	duì	맞다
8	吧	ba	권유나 추측을 나타내는 어기조사
9	号码	hàomǎ	번호
10	房卡	fángkǎ	룸 카드
11	电梯	diàntī	엘리베이터
12	在	zài	~에 있다
13	哪儿	nǎr	어디
14	门口	ménkǒu	입구
15	左边	zuǒbian	왼쪽
16	麻烦	máfan	귀찮게 하다, 번거롭다
17	行李	xíngli	짐
18	送	sòng	보내다, 옮기다
19	可以	kěyǐ	(허락, 가능) ~하면 된다
20	当然	dāngrán	당연히
21	等	děng	기다리다
22	行李员	xíngliyuán	벨맨
23	拿	ná	들다

묻고 답하기

Q 套房含早餐吗?
Tàofáng hán zǎocān ma?
스위트룸은 조식이 포함되어 있습니까?

A 对。
Duì.
네!

Q 电梯在哪儿?
Diàntī zài nǎr?
엘리베이터는 어디에 있습니까?

A 电梯在门口左边。
Diàntī zài ménkǒu zuǒbian.
입구 왼쪽에 있습니다.

Q 麻烦您, 可以送行李吗?
Máfan nín, kěyǐ sòng xíngli ma?
실례지만, 짐을 옮겨주실 수 있나요?

A 当然可以。
Dāngrán kěyǐ.
당연히 됩니다.

실무회화1 … 고객 응대

服务员	欢迎光临！您预订了吗？ Huānyíng guānglín! Nín yùdìng le ma?
客　人	预订了。 Yùdìng le.
服务员	请给我您的护照。 Qǐng gěi wǒ nín de hùzhào.
客　人	在这里。 Zài zhèli.
服务员	谢谢！金先生，您预订了含早餐的套房，对吧？ Xièxie! Jīn xiānsheng, nín yùdìng le hán zǎocān de tàofáng, duì ba?
客　人	对的。 Duì de.

직원 어서 오세요! 예약하셨습니까?
손님 예약했습니다.
직원 여권을 주십시오.
손님 여기요.
직원 감사합니다. 김 선생님, 손님께서 예약하신 방은 조식이 포함된 스위트룸인데, 맞습니까?
손님 네.

실무회화2 ··· 객실키 발급 및 정보 제공하기

服务员　您的房间号码是679号，这是房卡。

Nín de fángjiān hàomǎ shì liù qī jiǔ hào, zhè shì fángkǎ.

客　人　谢谢！ 请问，电梯在哪儿？

Xièxie!　Qǐng wèn, diàntī zài nǎr?

服务员　电梯在门口的左边。

Diàntī zài ménkǒu de zuǒbian.

客　人　麻烦你帮我把行李送到房间，可以吗？

Máfan nǐ bāng wǒ bǎ xíngli sòng dào fángjiān, kěyǐ ma?

服务员　当然可以，等一下行李员帮您拿。

Dāngrán kěyǐ,　děng yíxià xíngliyuán bāng nín ná.

客　人　好的，谢谢。

Hǎo de,　xièxie.

직원 손님의 방 번호는 679호이며 여기 룸카드가 있습니다.
손님 감사합니다. 엘리베이터는 어디에 있지요?
직원 엘리베이터는 입구 좌측에 있습니다.
손님 미안한데 방까지 짐을 옮겨주실 수 있나요?
직원 물론입니다. 잠시 후 벨맨이 옮겨드릴 겁니다.
손님 네, 감사합니다.

해설 & 어휘

방위사

일반명사(사람 혹은 사물)가 장소의 의미로 쓰여야 할 때, 명사 뒤에 반드시 방위사를 함께 쓴다.

左边	zuǒbian	왼쪽	右边	yòubian	오른쪽
上边	shàngbian	위쪽	下边	xiàbian	아래쪽
前边	qiánbian	앞쪽	后边	hòubian	뒤쪽
里边	lǐbian	안	外边	wàibian	바깥
中间	zhōngjiān	중간			

手机在我的桌子上边。

Shǒujī zài wǒ de zhuōzi shàngbian. 휴대전화가 내 책상 위에 있습니다.

电梯在门口右边。

Diàntī zài ménkǒu yòubian. 엘리베이터는 입구 오른쪽에 있습니다.

국가명

- 대한민국 大韩民国 Dàhánmínguó
- 미국 美国 Měiguó
- 프랑스 法国 Fǎguó
- 러시아 俄罗斯 Éluósī
- 영국 英国 Yīngguó
- 일본 日本 Rìběn
- 브라질 巴西 Bāxī
- 캐나다 加拿大 Jiānádà

작문연습

1 다음 빈 칸에 들어갈 적절한 단어를 고르시오.

在　　预订　　号码　　给　　送

❶ 你 ______ 了吗?

❷ 请 ______ 我您的护照。

❸ 电梯 ______ 哪儿?

❹ 您的房间 ______ 是625。

❺ 可以 ______ 行李吗?

2 아래 단어를 이용하여 다음 문장을 중국어로 작문하시오.

行李员　　欢迎　　电梯　　房卡　　旅行　　等

❶ 어서 오십시오.

______

❷ 이것은 객실카드입니다.

______

❸ 엘리베이터는 입구 좌측에 있습니다.

______

❹ 잠시 후 벨맨이 옮겨드릴 겁니다.

______

❺ 즐거운 여행 되십시오.

______

제 2 과

客房管理
객실관리(2)

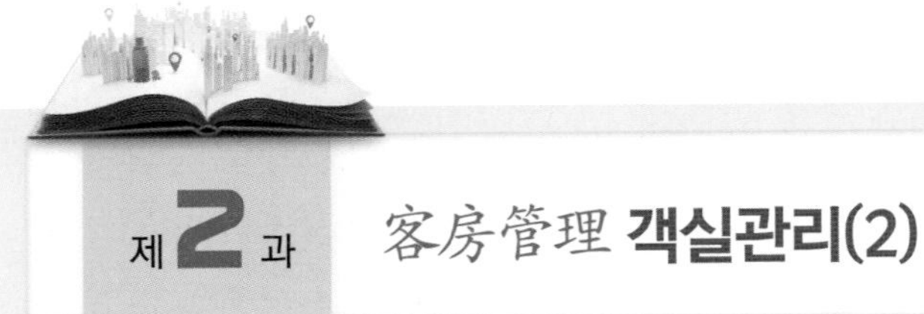

제 2 과 客房管理 객실관리(2)

재실고객관리

▸ **NCS 실무**

재실고객관리란 고객의 편안한 투숙을 위해 고객 요청사항 처리, 메시지 및 전달물 취급, 객실상태 확인, 객실 변경하기, 투숙객 불평 접수하기 등을 해결·실행하는 능력이다.

Check In Customer Management

入住顾客管理

Rùzhù gùkè guǎnlǐ

단어

1	空调	kōngtiáo	에어컨
2	坏	huài	고장나다
3	抱歉	bàoqiàn	미안하게 생각하다
4	夫人	fūrén	부인(기혼 여성에 대한 호칭)
5	就	jiù	즉시
6	派人	pài rén	사람을 보내다
7	哎呦	āiyōu	아이고
8	热死了	rè sǐ le	더워 죽겠다
9	还是	háishi	…하는 편이 좋다
10	换	huàn	바꾸다
11	马上	mǎshàng	곧
12	处理	chǔlǐ	처리하다
13	添麻烦	tiān máfan	폐를 끼치다
14	怎么样	zěnmeyàng	어떠하다
15	没问题	méi wèntí	문제없다
16	觉得	juéde	~라고 느끼다
17	更	gèng	더욱
18	为了	wèile	~하기 위해
19	表达	biǎodá	표현하다
20	歉意	qiànyì	사죄의 뜻
21	特为	tèwèi	특별히
22	提供	tígōng	제공하다
23	豪华江景房	háohuá jiāngjǐngfáng	딜럭스 리버 뷰 룸
24	原来如此	yuánlái rúcǐ	과연 그렇다

묻고 답하기

Q	空调坏了。 Kōngtiáo huài le.	에어컨이 고장났어요.
A	真抱歉，马上处理。 Zhēn bàoqiàn, mǎshàng chǔlǐ.	정말 죄송합니다. 곧 처리하겠습니다.

Q	房间热死了。 Fángjiān rè sǐ le.	방이 더워 죽겠어요.
A	对，还是换房间吧。 Duì, háishi huàn fángjiān ba.	맞아요, 그냥 방을 바꿉시다.

Q	你的房间怎么样？ Nǐ de fángjiān zěnmeyàng?	당신 방은 어때요?
A	非常好。 Fēicháng hǎo.	매우 좋습니다.

Q	给您添麻烦了。 Gěi nín tiān máfan le.	당신에게 불편을 드렸네요.
A	没问题。 Méi wèntí.	괜찮습니다.

실무회화1 … 고객 요청사항 처리하기

客　人　我房间的空调坏了。
Wǒ fángjiān de kōngtiáo huài le.

服务员　很抱歉，夫人。
Hěn bàoqiàn, fūrén.

请您等一下，我就派人过去看看。
Qǐng nín děng yí xià, wǒ jiù pài rén guòqu kànkan.

客　人　哎呦，热死了！还是换房间吧。
Āiyōu, rè sǐ le! Háishi huàn fángjiān ba.

服务员　好，我会马上处理。
Hǎo, wǒ huì mǎshàng chǔlǐ.

真对不起，给您添麻烦了。
Zhēn duìbuqǐ, gěi nín tiān máfan le.

손님 방 에어컨이 고장났네요.
직원 정말 죄송합니다, 여사님.
잠시만 기다려주시면 즉시 사람을 보내 살펴보겠습니다.
손님 어휴! 더워 죽겠어요. 차라리 방을 바꿔주세요.
직원 네, 제가 금방 처리해 드리겠습니다.
번거롭게 해드려 정말 죄송합니다.

실무회화2 … 객실상태 확인하기

服务员 **夫人, 现在的房间怎么样?**
Fūrén, xiànzài de fángjiān zěnmeyàng?

客　人 **非常好, 空调也没问题。**
Fēicháng hǎo, kōngtiáo yě méi wèntí.

我觉得房间更大。
wǒ juéde fángjiān gèng dà.

服务员 **我们给您添这么多麻烦了,**
Wǒmen gěi nín tiān zhème duō máfan le,

为了表达歉意, 特为您提供了豪华江景房。
Wèile biǎodá qiànyì, tèwèi nín tígōng le háohuá jiāngjǐngfáng.

客　人 **哦, 原来如此。**
Ò, yuánlái rúcǐ.

직원 여사님, 지금 방은 어떠신가요?
손님 매우 좋네요. 에어컨도 문제없고요.
그런데 방이 더 큰 것 같아요.
직원 저희가 이렇게 큰 불편을 드려서 죄송한 뜻을 보여드리려고
특별히 딜럭스 리버 뷰 룸으로 드렸습니다.
손님 아! 그렇군요.

해설 & 어휘

동사중첩

동사를 중복해서 사용하면 의미가 가벼워진다. 우리말로 '한번 ~하다', '좀 ~하다' 등으로 해석할 수 있다.

等 děng → 等等 děngdeng
处理 chǔlǐ → 处理处理 chǔlǐ chǔlǐ

단, 이합사(동사가 술목구조로 이루어짐)의 경우는 동사 부분만 중첩한다.

散步 sàn bù → 散散步 sànsan bù

동사가 연이어 나오는 연동문의 경우 뒷부분의 동사만 중첩한다.

请您等一下，我就派人过去看看。
Qǐng nín děng yíxià, wǒ jiù pài rén guòqu kànkan.
좀 기다려주시면, 제가 사람을 보내 한 번 살펴보겠습니다.

객실용품(1)

- 소형금고　保险箱　bǎoxiǎnxiāng
- 냉장고　冰箱　bīngxiāng
- 옷장　衣柜　yīguì
- 소파　沙发　shāfā
- 책상　书桌　shūzhuō
- 스툴　凳子　dèngzi

작문연습

1 다음 빈 칸에 들어갈 적절한 단어를 고르시오.

热 换 更 坏 问题

❶ 空调＿＿＿＿了。

❷ 还是＿＿＿＿房间吧。

❸ 空调也没有＿＿＿＿。

❹ 我觉得房间＿＿＿＿大。

❺ ＿＿＿＿死了。

2 아래 단어를 이용하여 다음 문장을 중국어로 작문하시오.

处理 添 怎么样 马上 等 派 麻烦

❶ 잠시 기다려주세요.

❷ 사람을 곧 보내 살펴보겠습니다.

❸ 제가 바로 처리해 드리겠습니다.

❹ 지금 방은 어떠십니까?

❺ 큰 불편을 드려 죄송합니다.

체크아웃

NCS 실무

체크아웃 실무는 먼저 투숙객의 정보와 최종 사용내역을 확인해야 한다. 또한 고객이 사용한 요금 내역과 계산하기를 통해 최종 정산을 하고, 따뜻한 환송인사와 함께 재방문을 유도하는 능력을 갖추어야 한다.

Check Out

退房

Tuì fáng

단어

1	退房	tuì fáng	체크아웃하다
2	多少	duōshao	몇
3	收好	shōuhǎo	잘 받았다
4	没错	méi cuò	틀림없다
5	使用	shǐyòng	사용하다
6	过	guo	~한 적이 있다
7	小酒吧	xiǎojiǔbā	미니바
8	和	hé	~와
9	电话	diànhuà	전화
10	喝	hē	마시다
11	可乐	kělè	콜라
12	威士忌	wēishìjì	위스키
13	还	hái	게다가, 또한
14	好像	hǎoxiàng	마치 ~와 같다
15	不太	bú tài	그다지 ~하지 않다
16	清楚	qīngchu	분명하다, 명백하다
17	没关系	méi guānxi	괜찮다
18	帮	bāng	돕다
19	查	chá	조사하다
20	稍等	shāo děng	잠깐 기다리다

묻고 답하기

Q 我要退房。
Wǒ yào tuì fáng.
체크아웃하려고 합니다.

A 好的。
Hǎo de.
네.

Q 你用过小酒吧吗?
Nǐ yòngguo xiǎojiǔbā ma?
미니바를 이용하신 적이 있습니까?

A 我喝了可乐和威士忌。
Wǒ hē le kělè hé wēishijì.
콜라와 위스키를 마셨습니다.

Q 还有吗?
Hái yǒu ma?
또 있습니까?

A 好象没有。
Hǎoxiàng méiyǒu.
없는 것 같습니다.

실무회화1 … 투숙객 정보 확인하기

客　人　**我要退房。**
Wǒ yào tuì fáng.

服务员　**您的房间号码是多少?**
Nín de fángjiān hàomǎ shì duōshao?

客　人　**我给你房卡吧。**
Wǒ gěi nǐ fángkǎ ba.

服务员　**收好了，谢谢!**
Shōuhǎo le,　xièxie!

金先生，您的房间是567号，住了三天，对吗?
Jīn xiānsheng,　nín de fángjiān shì wǔ liù qī hào, zhù le sān tiān,　duì ma?

客　人　**没错。**
Méi cuò

손님 체크아웃을 하려고요.
직원 객실번호가 어떻게 되시나요?
손님 제가 룸카드를 드릴게요.
직원 잘 받았습니다. 감사합니다.
김 선생님께서는 567호에 사흘 동안 묵으셨네요. 맞습니까?
손님 맞아요.

실무회화2 … 추가 사용내역 확인하기

(查后 chá hòu)

服务员　请问，您使用过房间的小酒吧和电话吗?

Qǐng wèn, nín shǐyòng guo fángjiān de xiǎojiǔbā hé diànhuà ma?

客　人　啊，我喝了可乐和威士忌。

À, wǒ hē le kělè hé wēishìjì.

服务员　还有吗?

Hái yǒu ma?

客　人　好像没有吧。对不起，我不太清楚。

Hǎoxiàng méiyǒu ba. Duìbuqǐ, wǒ bú tài qīngchu.

服务员　没关系，我帮您查一下。

Méiguānxi, wǒ bāng nín chá yíxià.

请稍等。

Qǐng shāo děng.

(조회한 뒤)
직원 실례지만, 방 안에 미니바나 전화를 사용하셨습니까?
손님 아, 콜라랑 위스키를 마셨네요.
직원 (사용하신 물건이) 더 있으신가요?
손님 아마 없을 거예요. 미안해요. 확실치가 않네요.
직원 괜찮습니다. 제가 확인을 한 번 해보겠습니다.
잠시만 기다려주세요.

해설 & 어휘

시량보어

술어의 뒤에 쓰여, 술어로 쓰인 동작이 진행되는 시간의 길이를 나타낸다. 목적어는 시량보어 뒤에 쓴다.

주어 + 술어 + 시량보어 + 목적어

我每天学习一个小时汉语。

Wǒ měitiān xuéxí yí ge xiǎoshí Hànyǔ.

나는 매일 한 시간 중국어를 공부합니다.

您住了三天。

Nín zhù le sān tiān.

사흘간 묵으셨습니다.

过

동사 뒤에 쓰여, '~한 적 있다'는 과거의 경험을 나타낸다.
이미 지난 일이므로, 부정형은 동사 앞에 没有를 쓰며, 동사 뒤 过는 그대로 쓴다.

我去过中国。

Wǒ qù guo Zhōngguó.

나는 중국에 가본 적이 있습니다.

我没有吃过日本菜。

Wǒ méiyǒu chī guo Rìběncài.

나는 일본요리를 먹어 본 적이 없습니다.

객실용품(2)

- 매트리스　床垫　chuángdiàn
- 침대시트　床单　chuángdān
- 이불　被子　bèizi
- 베개　枕头　zhěntou
- 쿠션　靠垫　kàodiàn
- 카펫　大地毯　dà dìtǎn
- 러그　小地毯　xiǎo dìtǎn
- 슬리퍼　拖鞋　tuōxié

작문연습

1 다음 빈 칸에 들어갈 적절한 단어를 고르시오.

喝　清楚　好象

❶ 我 ______ 了可乐和威士忌。

❷ ______ 没有。

❸ 我不太 ______。

2 아래 단어를 이용하여 다음 문장을 중국어로 작문하시오.

使用　住　小酒吧　确认

❶ 방 안의 미니바를 이용한 적이 있습니까?

______

❷ 제가 한 번 확인해 보겠습니다.

______

❸ 모두 사흘간 묵으셨네요.

______

NCS 기반
호텔실무 중국어회화

제 3 과

客房管理
객실관리(3)

제 3 과 客房管理 객실관리(3)

하우스키핑 정비

▸ **NCS 실무**

하우스키핑 정비란 객실상품을 판매하기 위해 객실을 정비 및 점검하고 공용부분을 정비하며 턴다운 서비스를 하는 등의 업무를 말한다. 또한 투숙객의 요청을 신속하게 서비스하는 능력이 요구된다.

Housekeeping

客房服务

Kèfáng fúwù

단어

1	晚上好	wǎnshang hǎo	안녕하세요! (저녁인사)
2	客房管理	kèfángguǎnlǐ	객실관리
3	浴衣	yùyī	목욕 가운
4	件	jiàn	벌(옷을 세는 양사)
5	一般	yìbān	보통이다
6	都	dōu	모두
7	挂	guà	걸다
8	衣柜	yīguì	옷장
9	里	lǐ	안
10	等等	děngdeng	기다리세요
11	不要紧	búyàojǐn	괜찮다
12	送来	sònglai	보내주다
13	哈哈	hāhā	(웃음소리) 하하
14	找到	zhǎodào	찾아내다
15	敲门	qiāo mén	노크하다
16	进	jìn	(안으로) 들어가다
17	夜床服务	yèchuáng fúwù	턴다운 서비스
18	就是	jiùshì	바로 ~이다
19	整理	zhěnglǐ	정리하다
20	补充	bǔchōng	보충하다
21	用品	yòngpǐn	용품
22	可	kě	그러나
23	已经	yǐjīng	이미
24	干净	gānjìng	깨끗하다

묻고 답하기

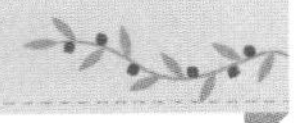

Q	好像没有浴衣。 Hǎoxiàng méiyǒu yùyī.	샤워가운이 없는 것 같습니다.
A	浴衣挂在衣柜里。 Yùyī guà zài yīguì li.	옷장 안에 걸려 있습니다.

Q	请等等。 Qǐng děngdeng.	좀 기다려주세요.
A	不要紧。 Búyàojǐn.	괜찮습니다.

Q	夜床服务是什么? Yèchuáng fúwù shì shénme?	턴다운 서비스가 무엇입니까?
A	就是整理房间的。 Jiù shì zhěnglǐ fángjiān de.	방을 정리하는 겁니다.

Q	你还要补充用品吗? Nǐ hái yào bǔchōng yòngpǐn ma?	용품을 더 보충해 드릴까요?
A	不用了，谢谢。 Bú yòng le, xièxie.	괜찮습니다. 감사합니다.

실무회화1 … 오더 메이킹 처리하기

(电话里的对话 Diànhuà li de duìhuà)

服务员　晚上好，客房管理！您需要什么服务？
Wǎnshang hǎo, kèfáng guǎnlǐ!　Nín xūyào shénme fúwù?

客　人　这里好像没有浴衣，请给我一件。
Zhèli hǎoxiàng méiyǒu yùyī,　qǐng gěi wǒ yí jiàn.

服务员　很抱歉。浴衣一般都挂在衣柜里…
Hěn bàoqiàn.　Yùyī yìbān dōu guà zài yīguì li…

客　人　等等，我就去看吧。
Děngdeng,　wǒ jiù qù kàn ba.

服务员　不要紧，马上给您送来。
Búyàojǐn,　mǎshàng gěi nín sònglai.

客　人　哈哈！在这儿，我就找到了。
Hāhā!　Zài zhèr,　wǒ jiù zhǎodào le.

(통화 중 대화)
직원 안녕하십니까! 객실관리부입니다. 무엇을 도와드릴까요?
손님 여기 목욕 가운이 없는 것 같아요. 하나 가져다주세요.
직원 대단히 죄송합니다. 목욕 가운은 보통 옷장에 걸려 있는데요.
손님 잠시만요, 가서 볼게요.
직원 괜찮습니다. 곧 가져다 드리겠습니다.
손님 하하! 여기에 있네요. 제가 바로 찾았어요.

실무회화2 … 턴다운 서비스하기

(敲门后 Qiāo mén hòu)

服务员　您好! 客房服务!
Nín hǎo!　Kèfáng fúwù !

客　人　请进! 有什么事?
Qǐng jìn!　Yǒu shénme shì?

服务员　我可以为您做夜床服务吗?
Wǒ kěyǐ wèi nín zuò yèchuáng fúwù ma?

客　人　夜床服务?
Yèchuáng fúwù?

服务员　就是整理房间和补充用品等的服务。
Jiù shì zhěnglǐ fángjiān hé bǔchōng yòngpǐn děng de fúwù.

客　人　谢谢, 可我的房间已经很干净。
Xièxie,　kě wǒ de fángjiān yǐjīng hěn gānjìng.

(노크한 뒤)
직원 안녕하십니까! 하우스키핑입니다.
손님 들어오세요! 무슨 일이죠?
직원 턴다운 서비스를 해드릴까요?
손님 턴다운 서비스요?
직원 객실을 정리하거나 용품을 정리하는 등의 서비스입니다.
손님 고맙습니다만, 제 방은 이미 매우 깔끔하네요.

해설 & 어휘

어기조사 吧

문장 끝에 쓰여 권유나 제안을 나타내는 단어로 '~하자', '~하세요' 등으로 해석할 수 있으며, 의문문에 쓰인 경우 확인을 포함한 질문 '~이지요?'라는 의미로 해석할 수 있다.

还是换房间吧。

Háishi huàn fángjiān ba. 그냥 방을 바꿉시다.

明天咱们一起吃饭吧。

Míngtiān zánmen yìqǐ chī fàn ba. 내일 우리 같이 식사합시다.

你今天来吧?

Nǐ jīntiān lái ba? 오늘 오시지요?

욕실용품

- 욕조 浴盆 yùpén
- 거울 镜子 jìngzi
- 수건 毛巾 máojīn
- 휴지 卫生纸 wèishēngzhǐ
- 목욕 수건 浴巾 yùjīn
- 목욕 가운 浴衣 yùyī
- 비누 香皂 xiāngzào
- 칫솔 牙刷 yáshuā
- 치약 牙膏 yágāo
- 빗 梳子 shūzi
- 면도기 剃须刀 tìxūdāo

작문연습

1 다음 빈 칸에 들어갈 적절한 단어를 고르시오.

好象　挂　送来　找到　给

❶ 这里＿＿＿没有浴衣。

❷ 请＿＿＿我一件。

❸ 浴衣＿＿＿在衣柜里。

❹ 马上给您＿＿＿。

❺ 我就＿＿＿了。

2 아래 단어를 이용하여 다음 문장을 중국어로 작문하시오.

客房　夜床服务　整理　干净

❶ 하우스키핑입니다.

❷ 턴다운 서비스를 해드릴까요?

❸ 객실을 정리하는 서비스입니다.

❹ 제 방은 이미 매우 깔끔합니다.

호텔 세탁물 관리

▸ **NCS 실무**

호텔 세탁물 관리란 고객의 세탁물을 접수하여 처리하고 직원의 유니폼을 관리하는 것이다. 또한 객실과 업장의 리넨류와 재고를 관리한다.

Laundry Service

洗衣服务

Xǐyī fúwù

단어

1	脏	zāng	더럽다
2	衣服	yīfu	옷
3	洗	xǐ	빨다
4	先生	xiānsheng	(남성에 대한 경칭) 선생님
5	写	xiě	쓰다
6	张	zhāng	(종이를 세는 단위) 장
7	洗衣单	xǐyīdān	세탁표
8	然后	ránhòu	그 다음에
9	放	fàng	놓다
10	洗衣袋	xǐyīdài	세탁물 주머니
11	前	qián	~전에
12	能	néng	할 수 있다
13	赶时间	gǎn shíjiān	시간을 재촉하다
14	应该	yīnggāi	(확신에 가까운 의미로) 아마도
15	派	pài	파견하다
16	怎么	zěnme	어떻게
17	这么	zhème	이렇게
18	快	kuài	빠르다
19	听说	tīngshuō	듣자하니
20	嘛	ma	(조사) 문장 중간에서 잠시 쉬어 가며 상대의 주의를 이끌어냄
21	尽快	jǐnkuài	되도록 빨리
22	毛衣	máoyī	스웨터
23	冷水	lěngshuǐ	냉수
24	手洗	shǒu xǐ	손세탁

묻고 답하기

Q	你要什么服务? Nǐ yào shénme fúwù?	무엇을 도와드릴까요?
A	我要洗衣服。 Wǒ yào xǐ yīfu.	세탁을 하고 싶습니다.

Q	你赶时间吗? Nǐ gǎn shíjiān ma?	시간이 촉박하십니까?
A	5点前, 可以吗? Wǔ diǎn qián, kěyǐ ma?	5시 전에 가능할까요?

Q	我没有时间。 Wǒ méiyǒu shíjiān.	제가 시간이 없어요.
A	好, 我尽快做。 Hǎo, wǒ jǐnkuài zuò.	알겠습니다. 되도록 빨리 하겠습니다.

Q	请用冷水手洗。 Qǐng yòng lěng shuǐ shǒu xǐ.	찬물로 손세탁해 주세요.
A	好的, 别担心。 Hǎo de, bié dānxīn.	네, 걱정 마세요.

실무회화1 ··· 세탁물 접수

客　人　喂，请问一下，脏衣服送到哪里去洗？

Wéi, qǐng wèn yíxià, zāng yīfu sòngdào nǎli qù xǐ?

服务员　您好！先生，请您先写一张洗衣单。

Nín hǎo! Xiānsheng, qǐng nín xiān xiě yì zhāng xǐyīdān.

然后，把衣服和洗衣单都放到洗衣袋里。

Ránhòu, bǎ yīfu hé xǐyīdān dōu fàngdào xǐyīdài li.

客　人　下午5点前能洗好吗？

Xiàwǔ wǔ diǎn qián néng xǐ hǎo ma?

我赶时间。

Wǒ gǎn shíjiān.

服务员　应该可以，我现在派人去拿。

Yīnggāi kěyǐ, wǒ xiànzài pài rén qù ná.

손님 여보세요, 말씀 좀 여쭐게요. 더러운 옷은 어디서 세탁하죠?
직원 안녕하세요! 손님께서는 먼저 세탁표를 작성해 주세요.
그런 다음 옷이랑 세탁표를 세탁물 주머니에 넣어주세요.
손님 오후 5시 전까지 세탁할 수 있나요?
제가 시간이 촉박하네요.
직원 분명 가능할 것입니다. 제가 지금 사람을 보내 수거하겠습니다.

실무회화2 … 호텔 세탁물 처리

服务员 先生, 您的衣服洗好了。

Xiānsheng, nín de yīfu xǐ hǎo le.

客　人 怎么这么快?

Zěnme zhème kuài?

服务员 听说, 您没时间嘛, 我尽快做了。

Tīngshuō, nín méi shíjiān ma, wǒ jìnkuài zuò le.

这两件毛衣, 对吧?

Zhè liǎng jiàn máoyī, duì ba?

客　人 对的, 你用冷水手洗了吧?

Duì de, nǐ yòng lěngshuǐ shǒu xǐ le ba?

服务员 是的。

Shì de.

직원 손님, 세탁이 끝났습니다.
손님 어떻게 이렇게 빨리요?
직원 시간이 없다고 들어서 제가 최대한 빨리했습니다.
이 스웨터 두 벌, 맞으시죠?
손님 맞습니다. 찬물에 손세탁하셨지요?
직원 네.

해설 & 어휘

把字句

주어 + 把 목적어 + 술어 + 기타 성분

처치문이라고도 하며, 把 뒤 목적어의 위치나 상태의 변화를 묘사한다. 따라서 술어 뒤에는 술어의 위치나 상태의 변화를 묘사하는 기타 성분이 함께 쓰인다.

- 자주 쓰이는 把字句

请你把行李送到我的房间里。

Qǐng nǐ bǎ wǒ de xíngli sòng dào wǒ de fángjiān li.

제 짐을 제 방으로 옮겨주세요.

把我的手机放在哪儿了?

Bǎ wǒ de shǒujī fàng zài nǎr le?

제 핸드폰 어디에 두었나요?

옷 衣服 yīfu

상의	上衣	shàngyī	바지	裤子	kùzi
스웨터	毛衣	máoyī	와이셔츠	衬衣	chènyī
코트	外套	wàitào	패딩	羽绒服	yǔróngfú
양복	西服	xīfú	티셔츠	T恤衫	txùshān
운동복	运动服	yùndòngfú	청바지	牛仔裤	niúzǎikù
원피스	连衣裙	liányīqún	치마	裙子	qúnzi

작문연습

1 다음 빈 칸에 들어갈 적절한 단어를 고르시오.

拿　赶　洗好　放到　洗衣单

❶ 请您写一张＿＿＿＿。

❷ 把衣服和洗衣单＿＿＿＿洗衣袋里。

❸ 五点前能＿＿＿＿吗?

❹ 我＿＿＿＿时间。

❺ 现在派人去＿＿＿＿。

2 아래 단어를 이용하여 다음 문장을 중국어로 작문하시오.

洗好　快　时间　尽快

❶ 세탁이 끝났습니다.

❷ 어떻게 이렇게 빨라요?

❸ 시간이 없다고 들었습니다.

❹ 최대한 빨리했습니다.

NCS 기반
호텔실무 중국어회화

제 4 과

接待服务
접객서비스(1)

제 4 과 接待服务 접객서비스(1)

접객서비스는 숙박시설을 이용하는 고객들과의 다양한 접점상황에서 고객의 필요사항을 확인하고 요구에 부합하는 서비스를 제공함으로써 고객만족을 창출하는 업무이다.

Reception Service

接待服务

Jiēdài fúwù

컨시어지

▸ **NCS 실무**

컨시어지는 호텔을 방문하는 고객들에게 내부시설을 안내하고, 고객이 요청하는 관광·음식·교통·문화·공연·항공·차량 등과 관련된 다양한 정보를 제공한다. 호텔 내외부 관련 정보를 숙지하고 친절한 커뮤니케이션 능력을 갖추어야 하며 고객의 말을 경청하고 재확인하는 태도가 필요하다.

Concierge

礼宾部

Lǐbīnbù

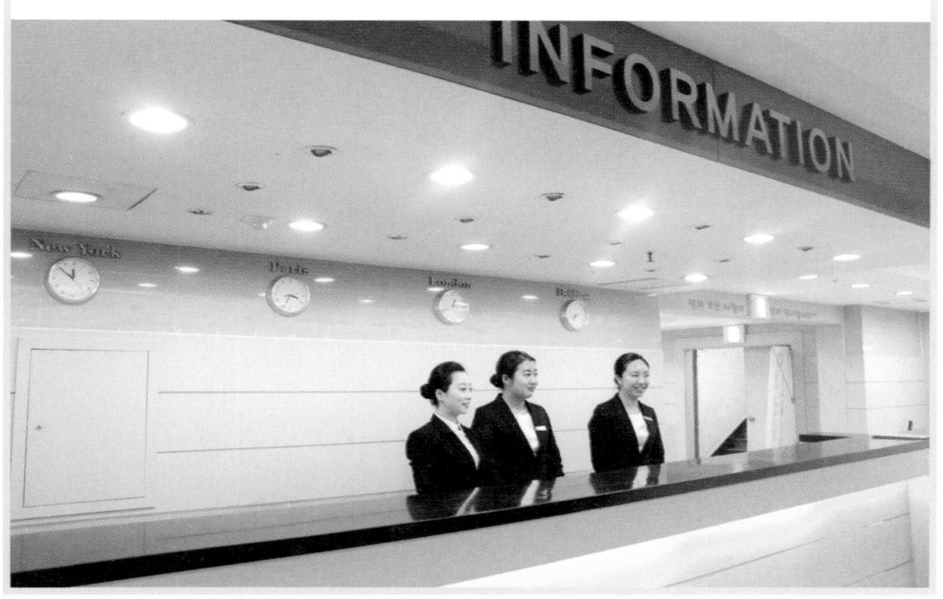

단어

1	吃	chī	먹다
2	早餐	zǎocān	아침식사
3	餐厅	cāntīng	식당
4	楼	lóu	층
5	西餐	xīcān	양식
6	中餐	zhōngcān	중식
7	开门	kāi mén	문을 열다
8	从~到~	cóng~ dào~	~에서 ~까지
9	附近	fùjìn	부근
10	有名	yǒumíng	유명하다
11	旅游点	lǚyóudiǎn	관광명소
12	逛	guàng	구경하다
13	商店	shāngdiàn	상점
14	还是	háishi	또는, 아니면
15	去	qù	가다
16	名胜古迹	míngshèng gǔjì	명승고적
17	那么	nàme	그러면
18	景福宫	Jǐngfúgōng	경복궁
19	离	lí	~에서
20	远	yuǎn	멀다
21	坐	zuò	타다
22	公共汽车	gōnggòng qìchē	버스

묻고 답하기

Q 你吃早餐吗?
Nǐ chī zǎocān ma?
아침을 드십니까?

A 我不吃早餐。
Wǒ bù chī zǎocān.
전 아침을 안 먹습니다.

Q 餐厅在哪儿?
Cāntīng zài nǎr?
식당이 어디에 있습니까?

A 餐厅在二楼。
Cāntīng zài èr lóu.
식당은 2층에 있습니다.

Q 附近有什么有名的?
Fùjìn yǒu shénme yǒumíng de?
근처에 무슨 유명한 것이 있습니까?

A 附近有很多旅游点。
Fùjìn yǒu hěn duō lǚyóudiǎn.
근처에 많은 관광지가 있습니다.

Q 景福宫离这儿远吗?
Jǐngfúgōng lí zhèr yuǎn ma?
경복궁은 여기에서 멉니까?

A 不太远。
Bú tài yuǎn.
별로 멀지 않습니다.

실무회화1 ··· 요청 정보 제공하기(조식)

客　人　　请问一下，在哪儿吃早饭?

Qǐng wèn yí xià,　zài nǎr chī zǎofàn?

服务员　　您好! 餐厅在二楼。

Nín hǎo!　Cāntīng zài èr lóu.

客　人　　有什么样的早餐?

Yǒu shénmeyàng de zǎocān?

服务员　　西餐和中餐都有。

Xīcān hé zhōngcān dōu yǒu.

客　人　　餐厅几点开门?

Cāntīng jǐ diǎn kāi mén?

服务员　　早上从六点半到十点开门。

Zǎoshang cóng liù diǎn bàn dào shí diǎn kāi mén.

손님 말씀 좀 물을게요. 아침은 어디서 먹나요?
직원 식당은 2층에 있습니다.
손님 어떤 종류의 아침식사가 있나요?
직원 양식과 중식이 있습니다.
손님 식당은 몇 시에 문을 열지요?
직원 오전 6시 30분에서 10시까지 엽니다.

실무회화2 … 요청 정보 제공하기(관광·교통)

客　人　请问，这儿附近有没有有名的旅游点？
Qǐng wèn, zhèr fùjìn yǒu méiyǒu yǒumíng de lǚyóudiǎn?

服务员　您要逛商店还是去名胜古迹？
Nín yào guàng shāngdiàn háishi qù míngshèng gǔjì?

客　人　我先要去一下名胜古迹。
Wǒ xiān yào qù yí xià míngshèng gǔjì.

服务员　那么，您去景福宫吧。
Nàme, nín qù Jǐngfúgōng ba.

客　人　离这儿远吗？
Lí zhèr yuǎn ma?

服务员　不太远，坐公共汽车十分钟就能到。
Bútàiyuǎn, zuò gōnggòng qìchē shí fēn zhōng jiù néng dào.

손님 말씀 좀 물을게요. 여기 근처에 유명한 관광지가 있나요?
직원 쇼핑을 하고 싶으세요 아니면 명승고적을 가고 싶으세요?
손님 먼저 명승고적을 한 번 가보고 싶네요.
직원 그러면 경복궁에 가시지요.
손님 여기서 먼가요?
직원 그다지 멀지 않습니다. 버스를 타신다면 10분이면 도착합니다.

해설 & 어휘

在

(1) 동사 在는 '~에 있다'는 의미로 뒤에 항상 장소를 뜻하는 단어가 온다.

你在哪儿?

Nǐ zài nǎr? 너 어디에 있니?

餐厅在二楼。

Cāntīng zài èr lóu. 식당은 2층에 있습니다.

(2) 전치사 在는 '~에서'라는 의미로, 바로 뒤에 장소를 뜻하는 단어가 오며, 그 뒤에 술어로 쓰인 동사 앞에서 동작을 행하는 장소를 나타내는 부사어로 쓰인다.

我在门口等你。

Wǒ zài ménkǒu děng nǐ. 입구에서 널 기다릴게.

我在中国餐厅吃饭。

Wǒ zài Zhōngguó cāntīng chī fàn. 나는 중국식당에서 밥을 먹습니다.

✔ 대한민국의 행정구역

• 서울특별시	首尔特别市	Shǒu'ěrtèbiéshì
• 부산광역시	釜山广域市	Fǔshānguǎngyùshì
• 인천광역시	仁川广域市	Rénchuānguǎngyùshì
• 대구광역시	大邱广域市	Dàqiūguǎngyùshì
• 광주광역시	光州广域市	Guāngzhōuguǎngyùshì
• 울산광역시	蔚山广域市	Wèishānguǎngyùshì
• 세종특별자치시	世宗特别自治市	Shìzōngtèbiézìzhìshì
• 경기도	京畿道	Jīngjīdào
• 강원도	江原道	Jiāngyuándào
• 충청도	忠清道	Zhōngqīngdào
• 경상도	庆尚道	Qìngshàngdào
• 전라도	全罗道	Quánluódào
• 제주특별자치도	济州特别自治道	Jìzhōutèbiézìzhìdào

작문연습

1 다음 빈 칸에 들어갈 적절한 단어를 고르시오.

早饭 开门 从 在 到 都

❶ 在哪儿吃＿＿＿＿？

❷ 餐厅＿＿＿＿二楼。

❸ 中餐和西餐＿＿＿＿有。

❹ 餐厅几点＿＿＿＿？

❺ ＿＿＿＿六点＿＿＿＿十点。

2 아래 단어를 이용하여 다음 문장을 중국어로 작문하시오.

能到 有名 远 离 商店

❶ 여기 근처에 유명한 관광지가 있나요?

❷ 쇼핑을 하고 싶으십니까?

❸ 여기에서 멉니까?

❹ 버스를 타고 10분이면 도착합니다.

비즈니스센터

▸ **NCS 실무**

고객이 비즈니스 업무를 수행하는 데 도움을 제공하기 위해 회의실 관리, 비서업무 대행, 기기대여 및 사용법을 설명하고 사용시간 단위로 요금을 청구하는 업무이다. 문서 작성이나 컴퓨터·복사기·팩스와 같은 전자기기 사용 능력이 필요하다.

Business Center

商务中心

Shāngwù zhōngxīn

단어

1	早上好	zǎoshang hǎo	아침인사
2	商务中心	shāngwùzhōngxīn	비즈니스센터
3	想	xiǎng	~하고 싶다
4	间	jiān	(방을 세는 양사) 칸
5	小型	xiǎoxíng	소형의
6	会议室	huìyìshì	회의실
7	参加	cānjiā	참석하다
8	多少	duōshao	얼마, 몇
9	查	chá	찾아보다
10	现在	xiànzài	지금
11	只有	zhǐyǒu	오직
12	空	kōng	비어 있는
13	参观	cānguān	참관하다
14	不用	búyòng	~할 필요없다
15	但	dàn	그런데
16	复印	fùyìn	복사하다
17	份	fèn	(문건을 세는 양사) 부
18	资料	zīliào	자료
19	准备	zhǔnbèi	준비하다
20	高兴	gāoxìng	기쁘다
21	能	néng	~할 수 있다
22	为	wèi	~을 위하여

묻고 답하기

Q 商务中心几点开门?
Shāngwù zhōngxīn jǐ diǎn kāi mén?
비즈니스센터는 몇 시에 문을 엽니까?

A 早上8点开。
Zǎoshang bā diǎn kāi.
아침 8시에 엽니다.

Q 多少人参加?
Duōshao rén cānjiā?
몇 분이 참석하십니까?

A 大概10个人。
Dàgài shí ge rén.
대략 10명입니다.

Q 有没有空会议室?
Yǒu méiyǒu kōng huìyìshì?
빈 회의실이 있습니까?

A 现在查一下。
Xiànzài chá yíxià.
지금 찾아보겠습니다.

Q 你要复印吗?
Nǐ yào fùyìn ma?
프린트 필요하십니까?

A 不用了, 谢谢。
Búyòng le, xièxie.
괜찮습니다. 감사합니다.

실무회화1 … 회의실 관리하기

服务员　早上好, 欢迎来到商务中心!

Zǎoshang hǎo, huānyíng láidào shāngwù zhōngxīn!

客　人　你好! 我想预订一间小型会议室。

Nǐ hǎo!　Wǒ xiǎng yùdìng yì jiān xiǎoxíng huìyìshì.

服务员　请问, 有多少人参加会议?

Qǐngwèn, yǒu duōshao rén cānjiā huìyì?

客　人　8人。

Bā rén.

服务员　请稍等, 我帮您查一下。

Qǐng shāo děng, wǒ bāng nín chá yíxià.

客　人　好, 谢谢!

Hǎo,　xièxie!

직원 안녕하세요. 비즈니스센터에 오신 걸 환영합니다!
손님 안녕하세요! 소형 회의실 하나를 예약하고 싶습니다.
직원 회의에 참가하시는 인원이 몇 분이신지요?
손님 8명입니다.
직원 잠시만 기다려주세요. 찾아보겠습니다.
손님 좋습니다. 고마워요!

실무회화2 … 문서 복사하기

服务员 现在只有一个空会议室。您要参观吗?

Xiànzài zhǐ yǒu yí ge kōng huìyìshì. Nín yào cānguān ma?

客　人 不用。但我想复印这份资料，可以吗?

Búyòng. Dàn wǒ xiǎng fùyìn zhè fèn zīliào, kěyǐ ma?

服务员 当然可以，您要多少份?

Dāngrán kěyǐ, nín yào duōshao fèn?

客　人 8份。

Bā fèn.

服务员 好的，我帮您准备8份。

Hǎo de, wǒ bāng nín zhǔnbèi bā fèn.

很高兴能为您服务。

Hěn gāoxìng néng wèi nín fúwù.

직원 현재 빈 회의실이 하나 있습니다. 둘러보시겠습니까?
손님 그럴 필요는 없습니다. 그런데 이 자료를 복사하고 싶은데 가능할까요?
직원 당연히 가능합니다. 몇 부가 필요하세요?
손님 8부요.
직원 네, 8부를 준비해 드리겠습니다. 도와드리게 돼서 매우 기뻤습니다.

해설 & 어휘

能

조동사 能은 '~할 수 있다'는 의미로, 뒤에 나오는 동사의 능력이나 가능성을 갖추고 있음을 뜻한다.

今天的晚会我能参加。

Jīntiān de wǎnhuì wǒ néng cānjiā.

오늘 저녁파티에 저는 참석할 수 있습니다.

您能不能帮我收拾行李?

Nín néng bu néng bāng wǒ shōushi xíngli?

제가 짐을 싸는 것을 도와줄 수 있습니까?

多少 N

多少는 '얼마나'라는 의미로 양을 물어볼 때 쓴다. 일반적으로 숫자와 명사 사이에는 양사가 있어야 하나 多少는 명사와 바로 연결하여 쓰며, 일반적으로 10보다 많은 수일 때 쓴다.

会议室里有多少人?

Huìyìshì li yǒu duōshao rén? 회의실 안에 몇 명이 있습니까?

您要多少份?

Nín yào duōshao fèn? 몇 부를 원하십니까?

은행 银行 yínháng

- 농협은행 农协银行 Nóngxiéyínháng
- 신한은행 新韩银行 Xīnhányínháng
- 우리은행 友利银行 Yǒulìyínháng
- 하나은행 韩亚银行 Hányàyínháng
- 국민은행 国民银行 Guómínyínháng
- 산업은행 产业银行 Chǎnyèyínháng

작문연습

1 다음 빈 칸에 들어갈 적절한 단어를 고르시오.

查　　预定　　稍　　参加　　来到

❶ 欢迎＿＿＿＿商务中心。

❷ 我想＿＿＿＿会议室。

❸ 有多少人＿＿＿＿会议?

❹ 请＿＿＿＿等。

❺ 我现在＿＿＿＿一下。

2 아래 단어를 이용하여 다음 문장을 중국어로 작문하시오.

只　　复印　　份　　参观　　多少

❶ 지금은 회의실이 하나밖에 없습니다.

❷ 둘러보시겠습니까?

❸ 이 자료를 복사하고 싶습니다.

❹ 몇 부를 원하십니까?

NCS 기반
호텔실무 중국어회화

제 5 과

接待服务
접객서비스(2)

제 5 과 接待服务 접객서비스(2)

고객서비스센터

▸ **NCS 실무**

고객서비스센터의 실무는 호텔 내·외부의 전화를 응대하고 해당 부서나 담당자에게 연결하는 것이다. 또한 고객에게 호텔과 관련된 정보를 제공하고, 객실고객의 룸서비스 주문을 받아 해당부서에 전달하며 비상연락망을 관리 및 운영한다. 친절하고 건강한 목소리와 정확하게 웨이크업콜을 받고 재확인하는 태도가 필요하다.

Customer Service Center

客户服务中心

Kèhù fúwù zhōngxīn

단어

1	客户	kèhù	고객
2	中心	zhōngxīn	중심, 센터
3	叫醒	jiàoxǐng	깨우다
4	需要	xūyào	필요하다
5	几点	jǐ diǎn	몇 시
6	明天	míngtiān	내일
7	六点半	liù diǎn bàn	6시 반
8	送餐	sòngcān	룸서비스
9	进去	jìnqu	들어가다
10	进来	jìnlai	들어오다
11	订	dìng	주문하다, 예약하다
12	份	fèn	세트(배합해서 세트가 되는 것을 세는 단위)
13	美式早餐	měishì zǎocān	아메리칸 브렉퍼스트
14	加	jiā	더하다
15	奶精	nǎijīng	커피 크리머
16	咖啡	kāfēi	커피
17	看起来	kàn qilai	보기에 ~하다
18	好吃	hǎochī	맛있다
19	享用	xiǎngyòng	즐기다, 맛보다

묻고 답하기

Q	您要什么服务? Nín yào shénme fúwù?	무슨 서비스를 원하십니까?
A	我要叫醒服务。 Wǒ yào jiàoxǐng fúwù.	모닝콜을 원합니다.

Q	我要送餐服务。 Wǒ yào sòngcān fúwù.	아침식사 룸서비스 부탁합니다.
A	您要几点? Nín yào jǐ diàn?	몇 시로 해드릴까요?

Q	您要加咖啡吗? Nín yào jiā kāfēi ma?	커피를 추가하시겠습니까?
A	我要一杯。 Wǒ yào yì bēi.	한 잔 주세요.

Q	看起来很好吃。 Kàn qilai hěn hǎochī.	맛있어 보이네요.
A	请享用。 Qǐng xiǎngyòng.	맛있게 드십시오.

실무회화1 … 웨이크업콜(wake-up call) 하기

服务员 晚上好！客户服务中心！您要什么服务？
Wǎnshang hǎo! Kèhù fúwù zhōngxīn! Nín yào shénme fúwù?

客 人 你好！我要叫醒服务。
Nǐ hǎo! Wǒ yào jiàoxǐng fúwù.

服务员 您需要几点叫醒？
Nín xūyào jǐ diǎn jiàoxǐng?

客 人 明天早上六点半。
Míngtiān zǎoshang liù diǎn bàn.

服务员 没问题，304号房间，对吧？
Méi wèntí, sān líng sì hào fángjiān, duì ba?

客 人 对的。
Duì de.

직원 안녕하십니까! 고객서비스센터입니다. 무엇을 도와드릴까요?
손님 안녕하세요! 웨이크업콜 서비스가 필요해요.
직원 몇 시에 깨워드릴까요?
손님 내일 아침 6시 반이요.
직원 알겠습니다. 304호실이 맞지요?
손님 맞아요.

실무회화2 … 객실고객의 주문받기

服务员　早上好! 送餐服务, 我可以进去吗?

Zǎoshang hǎo! Sòngcān fúwù, wǒ kěyǐ jìnqu ma?

客　人　可以, 进来吧。

Kěyǐ, jìnlai ba.

服务员　这是您订的早餐。

Zhè shì nín dìng de zǎocān.

一份美式早餐和加奶精的咖啡。

Yí fèn měishì zǎocān hé jiā nǎijīng de kāfēi.

客　人　看起来很好吃, 谢谢!

Kàn qilai hěn hǎochī, xièxie!

服务员　请享用!

Qǐng xiǎngyòng!

직원 안녕하세요! 룸서비스입니다. 들어가도 될까요?
손님 네, 들어오세요.
직원 여기 손님께서 주문하신 아침식사입니다.
아메리칸 브렉퍼스트 1인분과 크림을 넣은 커피입니다.
손님 맛있어 보이네요. 고마워요!
직원 맛있게 드십시오!

해설 & 어휘

방향보어

동사의 뒤에서 동작의 방향을 묘사하며, 크게 두 종류로 나뉜다.

	上	下	进	出	回	过	起
来	上来	下来	进来	出来	回来	过来	起来
去	上去	下去	进去	出去	回去	过去	

(1) 단순방향보어

동사 뒤에 来/去를 써서 동작의 방향이 가까워지거나 혹은 멀어지는 것을 묘사한다.

(2) 복합방향보어

동사 뒤에 위의 두 가지 보어가 함께 붙어 각 단어의 의미를 바탕으로 동사의 방향성을 더해준다.

단, 장소를 뜻하는 목적어는 항상 来/去 앞에 쓴다.

Room Service 送餐种类 sòngcān zhǒnglèi

- American Breakfast 美式早餐 Měishì zǎocān
  계란, 과일, 햄, 베이컨, 소시지 등이 제공되는 아침식사
- Continental Breakfast 欧陆式早餐 Ōulùshì zǎocān
  계란요리를 곁들이지 않은 아침식사로 빵 종류, 주스, 커피나 홍차
- Vienna Breakfast 维也纳式早餐 Wéiyěnàshì zǎocān
  계란요리와 롤빵 그리고 커피 정도로 먹는 식사
- English Breakfast 英式早餐 Yīngshì zǎocān
  미국식 조식과 같으나 생선요리가 포함되는 아침식사

작문연습

1 다음 빈 칸에 들어갈 적절한 단어를 고르시오.

对　　服务　　需要　　叫醒服务

❶ 您要什么______?

❷ 我要______。

❸ 您______几点叫醒?

❹ 三零五号房间，______吧?

2 아래 단어를 이용하여 다음 문장을 중국어로 작문하시오.

看起来　　订　　享用　　可以　　早餐

❶ 들어가도 될까요?

❷ 주문하신 조식입니다.

❸ 맛있어 보이네요.

❹ 맛있게 드세요.

벨 데스크

▸ **NCS 실무**

호텔을 방문한 고객의 수하물을 운반해 주고 객실과 내부 시설을 안내해 주는 능력을 학습한다.

Bell Desk

接待台

Jiēdàitái

단어

1	行李	xíngli	짐
2	送	sòng	보내다
3	件	jiàn	개(사물을 세는 양사)
4	随身	suíshēn	몸에 지니다
5	带着	dài zhe	~을 가지고
6	里	li	안, 속
7	易碎品	yìsuìpǐn	깨지기 쉬운 물건
8	这边	zhèbiān	이쪽
9	走	zǒu	걷다
10	插入	chārù	끼워넣다
11	挺	tǐng	매우
12	不错	búcuò	좋다, 괜찮다
13	喜欢	xǐhuan	좋아하다
14	电视	diànshì	텔레비전
15	遥控器	yáokòngqì	리모컨
16	打	dǎ	(전화를) 걸다
17	电话	diànhuà	전화
18	叫	jiào	부르다
19	服务员	fúwùyuán	직원, 종업원

묻고 답하기

Q 这是你的行李吗?
Zhè shì nǐ de xíngli ma?
이것이 당신 짐입니까?

A 这些都是。
Zhè xiē dōu shì.
이것들 모두입니다.

Q 送到你的房间吗?
Sòngdào nǐ de fángjiān ma?
방까지 옮겨드릴까요?

A 我随身带着。谢谢。
Wǒ suíshēn dài zhe. Xièxie.
제가 들고 가겠습니다. 감사합니다.

Q 里面有没有易碎品?
Lǐmian yǒu méiyǒu yìsuìpǐn?
안에 잘 깨지는 물건이 있습니까?

A 没有。
Méiyǒu.
없습니다.

Q 你打电话叫服务员。
Nǐ dǎ diànhuà jiào fúwùyuán.
전화로 직원을 부르세요.

A 好的。
Hǎo de.
알겠습니다.

실무회화1 … 수하물 운반하기

服务员　我会把您的行李送到房间。
Wǒ huì bǎ nín de xíngli sòngdào fángjiān.

客　人　好呀!
Hǎo ya!

服务员　您都有几件行李?
Nín dōu yǒu jǐ jiàn xíngli?

客　人　这大一件。这小的就随身带着。
Zhè dà yí jiàn.　Zhè xiǎo de jiù suíshēn dài zhe.

服务员　包里有易碎品吗?
Bāoli yǒu yìsuìpǐn ma?

客　人　没有。
Méiyǒu.

직원 제가 방까지 짐을 들어드리겠습니다.
손님 좋아요!
직원 짐이 모두 몇 개인가요?
손님 이 큰 거 하나요. 작은 건 제가 가지고 가지요.
직원 짐 속에 깨지기 쉬운 물품이 있습니까?
손님 없어요.

실무회화2 … 객실 안내하기

(到了客房 dàole kèfáng)

服务员　　请这边走。1803房间到了。

Qǐng zhèbiān zǒu.　Yāo bā líng sān fángjiān dào le.

请在这里插入您的房卡。

Qǐng zài zhèli chārù nín de fángkǎ.

客　人　　房间挺不错。我很喜欢。

Fángjiān tǐng búcuò.　Wǒ hěn xǐhuan.

服务员　　这是电视遥控器，这是空调遥控器。

Zhè shì diànshì yáokòngqì,　zhè shì kōngtiáo yáokòngqì.

还有您需要什么，请打电话叫服务员。

Háiyǒu Nín xūyào shénme,　qǐng dǎ diànhuà jiào fúwùyuán.

客　人　　好，谢谢!

Hǎo,　xièxie!

(객실에 도착한 뒤)

직원 이쪽으로 오십시오. 1803호에 도착했습니다.
여기에 룸카드를 꽂으세요.

손님 방이 참 좋네요. 마음에 들어요.

직원 이건 텔레비전 리모컨이고, 이건 에어컨 리모컨입니다.
또 필요한 게 있으시면 전화로 직원을 불러주세요.

손님 네, 고마워요!

해설 & 어휘

请

'~하세요'라는 의미로, 동사 앞에 쓰여 공손한 표현이 된다. 대화 중 어떤 동작을 하라는 상황이 분명할 때에는 '请' 하나만 쓸 때도 있다.

请进。 请坐。 请等一下。

有

'가지다, 소유하다'의 의미로 영어의 have와 같다. 따라서 주어 자리에 장소가 올 수 있으며, 목적어 자리에 소유의 대상이 온다.

我有很多书。
Wǒ yǒu hěn duō shū. 나는 많은 책을 가지고 있습니다.

酒店里有很多客人。
Jiǔdiàn li yǒu hěn duō kèrén. 호텔에 많은 손님이 있습니다.

화장품 化妆品 huàzhuāngpǐn

- 아모레퍼시픽 爱茉莉太平洋 Àimòlìtàipíngyáng
- 더페이스샵 菲诗小铺 Fēishīxiǎopù
- 라네즈 兰芝 Lánzhī
- 미샤 迷尚 Míshàng
- 설화수 雪花秀 Xuěhuāxiù
- 스킨푸드 思亲肤 Sīqīnfū
- 에뛰드하우스 伊蒂之屋 Yīdìzhīwū
- 마몽드 梦妆 Mèngzhuāng

작문연습

1 다음 빈 칸에 들어갈 적절한 단어를 고르시오.

随身 易碎品 送到 件

❶ 我会把你的行李 ______ 房间。

❷ 你的行李都有几 ______ ?

❸ 小的我 ______ 带着。

❹ 有没有 ______ ?

2 아래 단어를 이용하여 다음 문장을 중국어로 작문하시오.

走 电话 遥控器 用 插入 电视

❶ 이쪽으로 오십시오.

______

❷ 여기에 룸카드를 꽂으세요.

______

❸ 이것은 텔레비전 리모콘입니다.

______

❹ 필요한 게 있으시면, 전화로 직원을 불러주세요.

______

NCS 기반
호텔실무 중국어회화

제 6 과

接待服务
접객서비스(3)

제 6 과 接待服务 접객서비스(3)

도어 데스크

▸ NCS 실무

고객이 호텔을 처음 방문하면 만나게 되는 곳이 바로 도어 데스크다. 도어 데스크에서는 호텔 입구에서 방문고객을 환대 및 환송하고 문을 열어주거나 닫아주는 서비스를 제공한다. 또한 우산을 대여하고 택시를 호출해 주기도 한다.

Door Desk

门台

Méntái

단어

1	辆	liàng	(차량을 세는 단위) 대
2	噢	ō	오!
3	刚	gāng	막
4	开始	kāishǐ	시작하다
5	下雨	xià yǔ	비가 내리다
6	雨伞	yǔsǎn	우산
7	那	nà	그러면
8	借给	jiè gěi	~에게 빌려주다
9	告诉	gàosu	말하다
10	用	yòng	사용하다
11	完	wán	마치다
12	后	hòu	뒤, 후
13	随时	suíshí	언제나
14	还给	huán gěi	~에게 돌려주다
15	去	qù	가다
16	东大门	Dōngdàmén	동대문
17	买	mǎi	사다
18	司机	sījī	운전기사
19	名片	míngpiàn	명함
20	回来	huílai	돌아오다
21	真	zhēn	진짜, 참으로
22	周到	zhōudào	세심하다

묻고 답하기

Q	我要一辆出租车。 Wǒ yào yí liàng chūzūchē.	택시 한 대가 필요합니다.
A	没问题，稍等。 Méi wèntí,　shāo děng.	문제없습니다. 잠시만 기다리세요.

Q	外边开始下雨。 Wàibian kāishǐ xià yǔ.	밖에 비가 내리기 시작하네요.
A	你没有雨伞吗? Nǐ méiyǒu yǔsǎn ma?	우산 없어요?

Q	能不能借给我雨伞? Néng bu néng jiè gěi wǒ yǔsǎn?	나에게 우산을 빌려줄 수 있나요?
A	你用完还给我。 Nǐ yòng wán huán gěi wǒ.	다 쓰고 돌려주세요.

Q	把名片给司机看。 Bǎ míngpiàn gěi sījī kàn.	명함을 기사님께 보여주세요.
A	您真周到。 Nín zhēn zhōudào.	정말 세심하시네요.

실무회화1 … 우산 대여하기

客　人　我要一辆出租车。
Wǒ yào yí liàng chūzūchē.

服务员　没问题。噢! 现在刚开始下雨, 您有雨伞吗?
Méi wèntí. Ō! Xiànzài gāng kāishǐ xià yǔ, nín yǒu yǔsǎn ma?

客　人　没有。
Méiyǒu.

服务员　那我借给您吧。请您告诉我您的房间号码。
Nà wǒ jiè gěi nín ba. Qǐng nín gàosu wǒ nín de fángjiān hàomǎ.

客　人　706号。
Qī líng liù hào.

服务员　请在这里签名。您用完了后随时还给我。
Qǐng zài zhèli qiān míng. Nín yòng wánle hòu suíshí huán gěi wǒ。

손님 택시 한 대가 필요해요.
직원 문제없습니다. 아! 지금 막 비가 내리기 시작했는데 우산 있으세요?
손님 없습니다.
직원 그러면 제가 빌려 드릴게요. 손님 방 번호를 말씀해 주세요.
손님 706호입니다.
직원 여기에 서명해 주시고요. 사용하신 뒤 언제든 돌려주세요.

실무회화2 … 택시 호출하기

服务员	您要去哪里? Nín yào qù nǎli?
客　人	我想去东大门买衣服。 Wǒ xiǎng qù Dōngdàmén mǎi yīfu.
服务员	好, 我帮您告诉司机。 Hǎo, wǒ bāng nín gàosu sījī. 还有, 这是我们酒店的名片。 Háiyǒu, zhè shì wǒmen jiǔdiàn de míngpiàn. 您回来时给司机看就可以了。 Nín huílai shí gěi sījī kàn jiù kěyǐ le.
客　人	啊! 你真周到。谢谢! Ā! Nǐ zhēn zhōudào. Xièxie!

직원 어디로 가시나요?
손님 동대문에 가서 옷을 사려고요.
직원 네, 제가 기사에게 말하겠습니다.
그리고 이것은 저희 호텔 명함입니다.
돌아오실 때 기사에게 보여주시면 됩니다.
손님 와! 정말 세심하시네요. 고마워요!

해설 & 어휘

동사 买

买는 물건을 살 때 사용하는 동사이다. 위에 십(十)자를 붙이면 판다는 뜻의 동사 卖 mài가 된다. 买卖 mǎimai는 비즈니스 혹은 장사라는 명사로 쓰이며, 장사하다, 매매하다 등 동사일 때는 mǎimài로 읽는다.

买东西。

mǎi dōngxi. 물건을 사다

我要去买东西。

wǒ yào qù mǎi dōngxi. 나는 물건을 사러 가려고 합니다.

阿姨！ 这些水果怎么卖？

Āyí! zhèxiē shuǐguǒ zěnmemài? 아주머니! 이 사과 어떻게 팔아요?

他做衣服买卖。

Tā zuò yīfu mǎimai. 그는 옷장사를 한다.

주요 호텔의 중국어 표기

- 웨스틴조선호텔 威斯汀朝鲜酒店 Wēisītīngcháoxiǎnjiǔdiàn
- 신라호텔 新罗酒店 Xīnluójiǔdiàn
- 롯데호텔 乐天大酒店 Lètiāndàijiǔdiàn
- 힐튼호텔 希尔顿酒店 Xīěrdùnjiǔdiàn
- 리츠칼튼호텔 丽思卡尔顿酒店 Lìsīkǎěrdùnjiǔdiàn
- 쉐라톤워커힐호텔 华克山庄喜来登酒店 Huákèshānzhuāngxǐláidēngjiǔdiàn
- 홀리데이인 假日酒店 Jiàrìjiǔdiàn

- 인터컨티넨탈호텔 洲际酒店 Zhōujìjiǔdiàn
- 포시즌스호텔 四季酒店 Sìjìjiǔdiàn
- 메리어트호텔 万豪酒店 Wànháojiǔdiàn
- 콘래드호텔 康莱德酒店 Kāngláidéjiǔdiàn
- 라마다호텔 华美达酒店 Huáměidájiǔdiàn
- 하얏트호텔 海厄特酒店 Hǎi'ètèjiǔdiàn
- 반얀트리 클럽리조트 悦榕庄酒店度假村 Yuèróngzhuāngdùjiàcūn
- 클럽메드 地中海俱乐部 Dìzhōnghǎijùlèbù
- 해비치리조트 海比奇度假村 Hǎibǐqídùjiàcūn
- 곤지암리조트 昆池岩度假村 Kūnchíyándùjiàcūn
- 휘닉스아일랜드 凤凰岛酒店 Fènghuángdǎojiǔdiàn

작문연습

1 다음 빈 칸에 들어갈 적절한 단어를 고르시오.

随时　开始　借给　出租车

❶ 我要一 ______ 。

❷ 现在刚 ______ 下雨。

❸ 我 ______ 你吧。

❹ 你用完了后 ______ 还给我。

2 아래 단어를 이용하여 다음 문장을 중국어로 작문하시오.

哪儿　司机　想　名片　给　买

❶ 어디로 가십니까?

❷ 옷을 사러 동대문에 가려고 합니다.

❸ 이것은 저희 호텔 명함입니다.

❹ 돌아오실 때 기사에게 보여주시면 됩니다.

발렛

▸ NCS 실무

발렛파킹 서비스를 원하는 고객의 차량을 확인하고 대행주차하는 능력이 필요하다. 운전면허 소지는 기본이며 차량상태를 정확히 기록해야 한다. 발렛티켓이나 차량을 고객에게 인수할 때에는 친절하고 공손한 태도를 유지해야 한다.

Valet Parking

代客泊车

Dàikè bóchiē

단어

1	首尔	Shǒu'ěr	서울
2	代客泊车	dàikè bóchē	발렛파킹, 대리주차
3	号牌	hàopái	번호표
4	拿好	náhǎo	잘 챙기다(물건을 빠뜨리지 않고 챙기다)
5	麻烦	máfan	귀찮게 하다, 번거롭게 하다
6	取	qǔ	되찾다
7	车	chē	자동차
8	收好	shōuhǎo	잘 받다
9	马上	mǎshàng	곧
10	出来	chūlai	나오다
11	刷卡	shuā kǎ	카드를 긁다
12	付款	fù kuǎn	돈을 지불하다
13	当然	dāngrán	당연한
14	可以	kěyǐ	가능하다, ~해도 된다

묻고 답하기

Q 首尔停车很麻烦。
Shǒu'ěr tíng chē hěn máfan.
서울은 주차가 힘들어요.

A 酒店可以代客泊车。
Jiǔdiàn kěyǐ dàikè bóchē.
호텔은 발렛파킹이 됩니다.

Q 我要代客泊车。
Wǒ yào dàikè bóchē.
발렛파킹하려고 합니다.

A 请您拿好号牌。
Qǐng nín ná hǎo hàopái.
번호표를 잘 가지고 계세요.

Q 我要取车。
Wǒ yào qǔ chē.
차를 찾으려고 합니다.

A 给我代客泊车号牌。
Gěi wǒ dàikè bóchē hàopái.
발렛파킹 번호표를 주세요.

Q 可以刷卡付款吗?
Kěyǐ shuā kǎ fù kuǎn ma?
카드로 결제가 되나요?

A 当然可以。
Dāngrán kěyǐ.
당연히 됩니다.

실무회화1 … 발렛 서비스 등록하기

服务员 欢迎光临! 首尔饭店。
Huānyíng guānglín. Shǒu'ěr fàndiàn.

客　人 你好! 这儿可以代客泊车吗?
Nǐ hǎo! Zhèr kěyǐ dàikè bóchē ma?

服务员 可以。您要吗?
Kěyǐ. Nín yào ma?

客　人 是的。
Shì de.

服务员 这是您的代客泊车号牌, 请您拿好。
Zhè shì nín de dàikè bóchē hàopái, qǐng nín ná hǎo.

客　人 好吧。
Hǎo ba.

직원 환영합니다! 서울 호텔입니다.
손님 안녕하세요! 여기 발렛되나요?
직원 됩니다. 필요하신가요?
손님 네.
직원 여기 손님의 발렛 번호표가 있으니 받으세요.
손님 좋습니다.

실무회화2 … 발렛비 정산하기

客　人　　你好！麻烦你，我要取车。

Nǐ hǎo!　Máfan nǐ,　wǒ yào qǔ chē.

服务员　　请给我您的代客泊车号牌。

Qǐng gěi wǒ nín de dàikè bóchē hàopái.

客　人　　在这里。

Zài zhèli.

收好了，车马上就出来。请您等一下。

Shōu hǎo le,　chē mǎshàng jiù chūlai.　Qǐng nín děng yíxià.

客　人　　好。我可以刷卡付款吗？

Hǎo.　Wǒ kěyǐ shuā kǎ fù kuǎn ma?

服务员　　当然可以。

Dāngrán kěyǐ.

손님 안녕하세요! 실례지만, 차를 찾으려고요.
직원 손님의 발렛 번호표를 제게 주세요.
손님 여기에 있습니다.
직원 받았습니다. 차가 금방 나올 테니 잠시만 기다려주세요.
손님 네. 카드 결제되나요?
직원 물론입니다.

해설 & 어휘

조동사 可以

可以~吗？는 허락을 구할 때 사용하는 예의를 갖춘 표현으로 '~을 해도 됩니까?'라고 해석한다. 긍정적인 대답은 보통 可以로, 부정적인 대답은 不可以로 한다.

这儿可以抽烟吗？	不可以。
Zhèr kěyǐ chōuyān ma?	Bù kěyǐ.
여기서 담배 피워도 되나요?	안 돼요.
我可以去你家玩吗？	可以。
Wǒ kěyǐ qù nǐ jiā wán ma?	kěyǐ.
나 너희 집에 놀러 가도 될까?	돼요.

항공사 航空公司 hángkōnggōngsī

- 대한항공　大韩航空　Dàhánhángkōng
- 아시아나항공　韩亚航空　Hányàhángkōng
- 티웨이항공　德威航空　Déwēihángkōng
- 동방항공　东方航空　Dōngfānghángkōng
- 남방항공　南方航空　Nánfānghángkōng
- 제주항공　济州航空　Jìzhōuhángkōng

작문연습

1 다음 빈 칸에 들어갈 적절한 단어를 고르시오.

拿好　欢迎　代客泊车　号牌

❶ ______ 光临。

❷ 这儿可以 ______ 吗?

❸ 这是泊车 ______ 。

❹ 请您 ______ 。

2 아래 단어를 이용하여 다음 문장을 중국어로 작문하시오.

付钱　麻烦　泊车号牌　取　刷卡

❶ 실례지만, 차를 찾으려고 합니다.

______

❷ 발렛 번호표를 제게 주세요.

______

❸ 차가 금방 나올 겁니다.

______

❹ 카드 결제됩니다.

______

宴会管理 - 婚礼

연회관리 - 웨딩(1)

제 7 과 宴会管理 – 婚礼 연회관리 – 웨딩(1)

연회관리는 동일한 목적을 가진 2인 이상의 고객에게 성공적인 행사 유치를 위해 계획된 장소, 시간, 예산 내에서 식음료와 서비스를 제공하여 고객만족을 극대화하고 연회를 기획, 운영하는 것이다.

Banquet Management

宴会管理

Yànhuì guǎnlǐ

Wedding

婚礼

Hūnlǐ

연회 예약상담

▸ **NCS 실무**

연회 예약상담이란 호텔 내·외부 고객의 문의 응대, 고객정보 확인, 연회행사 일정 확인, 연회 예약현황 점검, 연회행사 특성 등 상담을 통한 유치 제안서 및 계약서를 작성하는 능력이다.

Banquet Reservation Consultant

宴会预订顾问

Yànhuì yùdìng gùwèn

단어

1	婚宴	hūnyàn	결혼 피로연
2	婚礼	hūnlǐ	결혼식
3	日期	rìqī	날, 기일
4	出席	chūxí	참석하다
5	嘉宾	jiābīn	귀빈
6	大概	dàgài	대략
7	人数	rénshù	인원
8	左右	zuǒyòu	~정도, 쯤
9	好日子	hǎorìzi	길일, 좋은 날
10	恭喜	gōngxǐ	축하하다
11	大宴会厅	dàyànhuìtīng	대연회장
12	正餐	zhèngcān	정찬
13	婚纱	hūnshā	웨딩드레스
14	花艺	huāyì	꽃장식
15	摄影	shèyǐng	사진을 찍다
16	音乐	yīnyuè	음악
17	按照	ànzhào	~에 따르다
18	准备	zhǔnbèi	준비하다
19	婚礼策划专家	hūnlǐ cèhuà zhuānjiā	웨딩플래너
20	全程	quánchéng	전 과정
21	协助	xiézhù	협조하다
22	仪式	yíshì	의식

묻고 답하기

Q 我要预订婚礼。
Wǒ yào yùdìng hūnlǐ.
웨딩 예약을 하려고 합니다.

A 婚礼日期是什么时候?
Hūnlǐ rìqī shì shénme shíhou?
결혼식 날짜가 언제입니까?

Q 嘉宾大概多少?
Jiābīn dàgài duōshao?
하객은 대략 얼마나 됩니까?

A 大概有二百左右。
Dàgài yǒu èr bǎi zuǒyòu.
약 2백 명 정도입니다.

Q 婚礼准备得怎么样?
Hūnlǐ zhǔnbèi de zěnmeyàng?
결혼식 준비는 어떻게 되고 있나요?

A 婚礼全程都准备好了。
Hūnlǐ quánchéng dōu zhǔnbèi hǎo le.
결혼식 전 과정 다 준비되었습니다.

Q 有没有婚礼策划专家?
Yǒu méiyǒu hūnlǐ cèhuà zhuānjiā?
웨딩플래너가 있습니까?

A 当然有。别担心。
Dāngrán yǒu. Bié dānxīn.
물론입니다. 걱정 마세요.

실무회화1 … 웨딩예약

服务员	您好! 首尔饭店。您要什么帮忙? Nǐ hǎo! Shǒu'ěr fàndiàn. Nín yào shénme bāng máng?
客　人	我想问一下婚宴。 Wǒ xiǎng wèn yíxià hūnyàn.
服务员	请您告诉我婚礼日期和出席嘉宾的大概人数。 Qǐng nín gàosu wǒ hūnlǐ rìqī hé chūxí jiābīn de dàgài rénshù.
客　人	十月十号, 大概五百名左右。 Shí yuè shí hào, dàgài wǔ bǎi míng zuǒyòu.
服务员	好日子! 恭喜您! Hǎo rìzi ! Gōngxǐ nín! 现在您可以预订最大的大宴会厅。 Xiànzài nín kěyǐ yùdìng zuì dà de dàyànhuìtīng.

직원 안녕하세요! 서울호텔입니다. 무엇을 도와드릴까요?
손님 결혼식 좀 문의하려고요.
직원 예식날짜와 대략의 하객 수를 말씀해 주세요.
손님 10월 10일, 대략 5백 명 정도 되겠네요.
직원 좋은 날이네요. 축하드립니다!
현재 손님께서는 가장 큰 대연회실을 예약하실 수 있습니다.

실무회화2 ··· 웨딩예약 확인

客　人　你好! 我要确认一下明天的婚礼。

Nǐ hǎo!　Wǒ yào quèrèn yíxià míngtiān de hūnlǐ.

服务员　您贵姓?

Nín guì xìng?

客　人　我叫王菲菲。

Wǒ jiào Wáng fēifēi.

服务员　哦! 王小姐, 您好!

Ò!　Wáng xiǎojiě, nín hǎo!

正餐、婚纱、花艺、摄影、音乐等, 按照您的要求都准备好了。

Zhèngcān、hūnshā、huāyì、shèyǐng、yīnyuè děng, ànzhào nín de yāoqiú dōu zhǔnbèi hǎo le.

还有,我们的婚礼策划专家会全程协助您的婚礼仪式。

Háiyǒu, wǒmen de hūnlǐ cèhuà zhuānjiā huì quánchéng xiézhù nín de hūnlǐ yíshì.

손님 안녕하세요! 내일 예식 좀 확인하려고요.
직원 성함이 어떻게 되시나요?
손님 왕리리입니다.
직원 아! 안녕하세요!
식사, 드레스, 꽃장식, 촬영, 음악 모두 말씀하신 대로 준비했습니다.
아울러, 저희 웨딩플래너가 예식을 도와드릴 겁니다.

해설 & 어휘

号 / 天

(1) 号

몇 월 '며칠'에서 날짜를 표현할 때 쓴다.

5월 7일 '五月七号'

(2) 天

이틀, 사흘… 등 기간을 표현할 때 쓴다. 양을 나타내므로, 특히 이틀은 '二'이 아닌, '两'을 써야 한다.

两天(이틀) 十天(열흘)

한국드라마 韩剧 Hánjù

• 가을동화	蓝色生死恋	Lánsèshēngsǐlián
• 대장금	大长今	Dàchángjīn
• 겨울연가	冬季恋歌	Dōngjìliàngē
• 내 이름은 김삼순	我叫金三顺	WǒjiàoJīnsānshùn
• 미안하다, 사랑한다	对不起, 我爱你	Duìbuqǐ, wǒ'àinǐ
• 시크릿가든	秘密花园	Mìmìhuāyuán
• 해를 품은 달	拥抱太阳的月亮	Yōngbàotàiyángdeyuèliang
• 옥탑방 왕세자	屋塔房王世子	Wūtǎfángwángshìzǐ
• 응답하라 1997	请回答1997	Qǐnghuídáyījiǔjiǔqī
• 군주의 태양	主君的太阳	Zhǔjūndetàiyáng

- 너의 목소리가 들려 听见你的声音 Tīngjiànnǐdeshēngyīn
- 상속자들 継承者们 JìchéngzEhěmen
- 별에서 온 그대 来自星星的你 Láizìxīngxingdenǐ
- 프로듀사 制片人 Zhìpiànrén

작문연습

1 다음 빈 칸에 들어갈 적절한 단어를 고르시오.

恭喜　　告诉　　婚宴　　大概

❶ 我想问一下＿＿＿＿。

❷ 请＿＿＿＿我婚礼日期。

❸ ＿＿＿＿五百名左右。

❹ ＿＿＿＿您!

2 아래 단어를 이용하여 다음 문장을 중국어로 작문하시오.

帮助　　确认　　婚礼策划专家　　花艺　　大宴会室

❶ 내일 예식 확인하려고 합니다.

＿＿＿＿＿＿＿＿＿＿＿＿＿＿＿＿

❷ 가장 큰 대연회실을 예약하실 수 있습니다.

＿＿＿＿＿＿＿＿＿＿＿＿＿＿＿＿

❸ 꽃장식과 음악이 모두 준비되었습니다.

＿＿＿＿＿＿＿＿＿＿＿＿＿＿＿＿

❹ 저희 웨딩플래너가 예식을 도와드릴 겁니다.

＿＿＿＿＿＿＿＿＿＿＿＿＿＿＿＿

연회행사 진행

▸ **NCS 실무**

연회행사 진행이란 행사 진행을 위해 연회장 청결도 확인, 행사 인원의 교육 및 배치, 테이블 세팅, 식음료 서비스 제공, 행사 중 발생하는 고객 요구사항을 처리하는 능력이다.

Banquet Conduct

宴会进行

Yànhuì jìnxíng

단어

1	进行	jìnxíng	진행하다
2	哪方	nǎ fāng	어느 측
3	贵宾	guìbīn	손님, 귀빈
4	新娘	xīnniáng	신부
5	叔叔	shūshu	삼촌
6	到	dào	~로 가다
7	层	céng	~층
8	开始	kāishǐ	시작하다
9	也	yě	~도 또한
10	知道	zhīdao	알다
11	急死了	jí sǐle	급해 죽겠다
12	忘	wàng	잊다
13	拿	ná	들다, 지니다
14	喜糖	xǐtáng	웨딩사탕
15	喜酒	xǐjiǔ	웨딩술
16	别	bié	~하지 마라
17	着急	zháo jí	조급해 하다
18	拜托	bàituō	부탁하다

묻고 답하기

Q 你是哪方的贵宾?
Nǐ shì nǎ fāng de guìbīn?
어느 측 하객이십니까?

A 我是新娘的叔叔。
Wǒ shì xīnniáng de shūshu.
저는 신부의 삼촌입니다.

Q 婚礼在哪儿进行?
Hūnlǐ zài nǎr jìnxíng?
결혼식이 어디에서 진행됩니까?

A 请到六层。
Qǐng dào liù céng.
6층으로 가십시오.

Q 婚礼什么时候开始?
Hūnlǐ shénme shíhou kāishǐ?
예식은 언제 시작됩니까?

A 现在就要开始了。
Xiànzài jiù yào kāishǐ le.
지금 곧 시작됩니다.

Q 我忘了拿喜糖, 怎么办?
Wǒ wàng le ná xǐtáng, zěnme bàn?
제가 웨딩사탕을 잊고 안 가져왔는데, 어쩌죠?

A 别着急。我们帮您。
Bié zháo jí. Wǒmen bāng nín.
조급해 하지 마세요. 저희가 도와드릴게요.

실무회화1 … 웨딩 안내

客　人　请问，是在这儿进行婚礼吗？
Qǐng wèn, shì zài zhèr jìnxíng hūnlǐ ma?

服务员　是的。您是哪方的贵宾？
Shì de.　nín shì nǎ fāng de guìbīn?

客　人　我是王菲菲新娘的叔叔。
Wǒ shì Wáng Fēifēi xīnniáng de shūshu.

服务员　哦！王菲菲新娘的婚礼不是在这儿进行的。
Ò!　Wáng Fēifēi xīnniáng de hūnlǐ búshì zài zhèr jìnxíng de.

请您到六层大宴会厅。
Qǐng nín dào liù céng de dàyànhuìtīng.

客　人　好的。
Hǎo de.

손님 말씀 좀 여쭙겠습니다. 여기서 결혼식을 진행합니까?
직원 네, 어느 측 손님이십니까?
손님 저는 왕페이페이 신부의 삼촌입니다.
직원 아! 왕페이페이 신부님의 예식은 이곳이 아닙니다.
6층 대연회장으로 가시기 바랍니다.
손님 네.

실무회화2 … 웨딩행사 중 문제해결

新　娘　**我们的婚礼策划专家在哪儿?**
Wǒmen de hūnlǐ cèhuà zhuānjiā zài nǎr?

服务员　**婚礼马上就要开始了, 您有什么问题吗?**
Hūnlǐ mǎshàng jiù yào kāishǐ le, nín yǒu shénme wèntí ma?

新　娘　**我也知道, 急死了。**
Wǒ yě zhīdao, jí sǐle.

我忘了拿在婚宴中给客人的喜糖和喜酒。
Wǒ wàng le ná zài hūnyàn zhōng gěi kèrén de xǐtáng hé xǐjiǔ.

服务员　**别着急! 我帮你拿吧。**
Bié zháo jí! Wǒ bāng nǐ ná ba.

新　娘　**拜托了。**
Bàituō le.

신부 저희 웨딩플래너는 어디 있죠?
직원 곧 예식이 시작되는데, 무슨 문제가 있나요?
신부 저도 알아요, 초조해 죽겠네요.
연회 때 손님께 드릴 사탕이랑 술을 잊어버렸지 뭐예요.
직원 걱정 마세요! 제가 가져오겠습니다.
신부 부탁드려요.

해설 & 어휘

喜糖, 喜酒

중국에서 혼인이나 경사가 있을 때 기쁨을 표현하기 위해 喜를 겹쳐 놓은 双喜(囍)를 사용한다. 특히 혼례에서 시탕(喜糖), 시지우(喜酒), 시엔(喜烟)과 같은 물건의 포장은 붉은색 바탕의 囍를 즐겨 사용한다. 탕(糖)은 사탕, 지우(酒)는 술, 엔(烟)은 담배이다. 시탕과 시지우, 그리고 시엔은 신랑과 신부가 멀리서 찾아온 하객에게 감사의 의미로 연회 때 직접 대접한다.

중국 공휴일

• 원단	元旦	Yuándàn	양력 1월 1일
• 춘절	春节	Chūnjié	음력 12월 31일~다음해 1월 2일
• 청명절	清明节	Qīngmíngjié	4월 5일
• 노동절	劳动节	Láodòngjié	양력 5월 1일
• 단오	端午节	Duānwǔjié	음력 5월 5일
• 추석	中秋节	Zhōngqiūjié	음력 8월 15일
• 국경절	国庆节	Guóqìngjié	양력 10월 1일

한국 전통문화

• 강강술래	圆圈舞	Yuánquānwǔ	• 구슬치기	弹玻璃球儿	Tánbōlíqiúr
• 꼭두각시	傀儡	Kuǐlěi	• 닭싸움	撞拐子	Zhuàngguǎizi
• 숨바꼭질	捉迷藏	Zhuōmícáng	• 씨름	摔跤	Shuāijiāo
• 윷놀이	翻板子游戏	Fānbǎnziyóuxì	• 제기차기	踢毽子	Tījiànzi

작문연습

1 다음 빈 칸에 들어갈 적절한 단어를 고르시오.

到　进行　新郎　方

❶ 婚礼在哪儿＿＿＿？

❷ 你是哪＿＿＿的贵宾？

❸ 请＿＿＿六层。

❹ ＿＿＿叫什么名字？

2 아래 단어를 이용하여 다음 문장을 중국어로 작문하시오.

拿　就要　帮　望　问题

❶ 결혼식이 곧 시작되려고 합니다.

❷ 무슨 문제가 있습니까?

❸ 제가 웨딩사탕을 잊고 왔습니다.

❹ 저희가 가져오겠습니다.

NCS 기반
호텔실무 중국어회화

제 8 과

宴会管理－婚礼
연회관리 – 웨딩(2)

제 8 과 宴会管理 – 婚礼 연회관리 – 웨딩(2)

웨딩

▸ **NCS 실무**

웨딩이란 웨딩 프로그램 협의, 신부대기실 및 폐백실 준비, 웨딩 장식 확인, 꽃 관리, 웨딩플래너와의 정보 공유 등을 하는 능력이다.

Wedding

婚礼

Hūnlǐ

단어

1	新郎	xīnláng	신랑
2	陪	péi	안내하다
3	新娘等待室	xīnniáng děngdàishì	신부대기실
4	迎接	yíngjiē	맞이하다
5	客人	kèrén	손님
6	后面	hòumiàn	뒷면, 뒤
7	专用	zhuānyòng	전용하다
8	洗手间	xǐshǒujiān	화장실
9	如果	rúguǒ	만일
10	饮料	yǐnliào	음료
11	或	huò	혹은
12	点心	diǎnxin	간식
13	入场	rùchǎng	입장하다
14	出发	chūfā	출발하다
15	报话机	bàohuàjī	무전기
16	紧张	jǐnzhāng	긴장하다
17	暂时	zànshí	잠시
18	休息	xiūxi	쉬다
19	转告	zhuǎngào	전하다
20	尽量	jǐnliàng	가능한 한
21	到达	dàodá	도착하다

묻고 답하기

Q 新娘等待室在哪儿?
Xīnniáng děngdàishì zài nǎr?
신부대기실이 어디에 있습니까?

A 我陪您去。
Wǒ péi nín qù.
제가 안내해 드리겠습니다.

Q 您在这儿迎接客人。
Nín zài zhèr yíngjiē kèrén.
여기에서 손님을 맞이하세요.

A 好的，谢谢。
Hǎo de, xièxie.
네, 감사합니다.

Q 您要点心，随时告诉我。
Nín yào diǎnxin, suíshí gàosu wǒ.
간식이 필요하시면 언제든지 말씀해 주세요.

A 我要一点儿。
Wǒ yào yì diǎnr.
조금 주세요.

Q 现在就出发吗?
Xiànzài jiù chūfā ma?
지금 바로 출발합니까?

A 是，您别紧张。
Shì, nín bié jǐnzhāng.
네, 긴장하지 마세요.

실무회화1 ··· 신부대기실

服务员　新娘, 新郎, 欢迎你们!
Xīnniáng, xīnláng, huānyíng nǐmen!

我陪你们去新娘等待室, 可以吗?
Wǒ péi nǐmen qù xīnniáng děngdàishì, kěyǐ ma?

新　娘　好的!
Hǎo de!

服务员　请进! 新娘, 您在这边坐迎接客人。
Qǐng jìn! Xīnniáng, nín zài zhèbiān zuò yíngjiē kèrén.

请看后面! 这是新娘专用的洗手间。
Qǐng kàn hòumian! Zhè shì xīnniáng zhuānyòng de xǐshǒujiān.

如果需要饮料或点心, 随时告诉我。
Rúguǒ xūyào yǐnliào huò diǎnxin, suíshí gàosu wǒ.

직원 신랑, 신부님 어서 오세요!
제가 신부대기실로 모시겠습니다, 괜찮으시죠?
신부 네!
직원 들어오세요 ! 신부님께서는 여기에 앉아서 손님을 맞으시면 됩니다.
뒤를 보시지요! 여기는 신부님 전용 화장실입니다.
만일 음료나 간식이 필요하시면 언제든지 제게 말씀해 주세요.

실무회화2 ··· 본식

婚礼策划专家	新郎入场了，新娘在哪里? Xīnláng rùchǎng le,　xīnniáng zài nǎli?
服务员	应该是在新娘等待室吧，我也不太清楚。 Yīnggāi shì zài xīnniáng děngdàishì ba,　wǒ yě bú tài qīngchu.
婚礼策划专家	她怎么还没出发了呢? Tā zěnme hái méi chūfā le ne?
服务员	有人刚刚在报话机说， Yǒu rén gānggāng zài bàohuàjī shuō, 新娘太紧张了暂时休息，马上要出发。 xīnniáng tài jǐnzhāng le zànshí xiūxi,　mǎshàng yào chūfā.
婚礼策划专家	转告她尽量快点到达。 Zhuǎngào tā jǐnliàng kuài diǎn dàodá.

웨딩플래너	신랑은 입장했는데 신부는 어디에 있죠?
호텔직원	신부대기실에 있겠지요. 저도 잘 모르겠습니다.
웨딩플래너	어째서 아직 출발하지 않았나요?
호텔직원	방금 무선기를 들으니 신부가 너무 긴장을 해서 잠시 쉬고 있다는군요. 금방 출발한다고 해요.
웨딩플래너	최대한 빨리 도착해 달라고 전해주세요.

해설 & 어휘

시간부사 随时와 刚刚

시간을 나타내는 부사는 보통 동사를 수식하는 역할을 한다. 随时는 시간에 구애받지 않는다는 의미로 '언제든지'라는 뜻이다. 刚刚은 매우 가까운 시간을 의미하며 '방금', '막'으로 풀이된다.

有什么问题可以随时去问我。

Yǒu shénme wèntí kěyǐ suíshí qù wèn wǒ.

무슨 문제가 있으면 언제든지 내게 물어도 된다.

他刚刚回来了。

Tā gānggāng huílái le.

그는 방금 돌아왔다.

한국 예능 프로그램 韩国综艺节目 Hánguózōngyìjiémù

• 무한도전	无限挑战	wúxiàntiǎozhàn
• 우리 결혼했어요	我们结婚了	wǒmenjiéhūnle
• 1박 2일	两天一夜	liǎngtiānyíyè
• 진짜 사나이	真正的男人	zhēnzhèngdenánrén
• 복면가왕	蒙面歌王	méngmiàngēwáng
• 냉장고를 부탁해	拜托了冰箱	bàituōlebīngxiāng
• 슈퍼맨이 돌아왔다.	超人回来了	chāorénhuíláile
• 마이 리틀 텔레비전	我的小电视	wǒdexiǎodiànshì
• 불후의 명곡	不朽的名曲	bùxiǔdemíngq

작문연습

1 다음 빈 칸에 들어갈 적절한 단어를 고르시오.

随时　　陪　　迎接

❶ 我 ______ 您去新娘等待室。

❷ 您在这儿 ______ 客人。

❸ 您要点心, ______ 告诉我。

2 아래 단어를 이용하여 다음 문장을 중국어로 작문하시오.

休息　　就要　　紧张

❶ 여기서 잠시 쉬세요.

______

❷ 긴장하지 마세요.

______

❸ 곧 출발하겠습니다.

______

NCS 기반
호텔실무 중국어회화

제 9 과

宴会管理 - 会议
연회관리 - 콘퍼런스(1)

제 9 과 宴会管理－会议 연회관리 – 콘퍼런스(1)

연회관리는 동일한 목적을 가진 2인 이상의 고객에게 성공적인 행사 유치를 위해 계획된 장소, 시간, 예산 내에서 식음료와 서비스를 제공하여 고객만족을 극대화하고 연회를 기획, 운영하는 일이다.

Banquet Management

宴会管理

Yànhuì guǎnlǐ

Conference

会议

Huìyì

연회행사 준비

▸ **NCS 실무**

연회행사 준비란 행사를 진행하기 위해 연회행사 지시서(BEO) 작성 및 확인, 관련 부서 회의, 식음자재 구매, 외부업체 발주, 기자재 준비, 재고 파악 및 리허설 등 행사 전에 준비하는 능력이다.

Banquet Preparation

宴会准备

Yànhuì zhǔnbèi

단어

1	找不到	zhǎobudào	찾을 수 없다
2	麦克风	màikèfēng	마이크
3	奇怪	qíguài	이상하다
4	好久不见	hǎojiǔbújiàn	오랜만이다
5	多功能	duōgōngnéng	다목적
6	会议室	huìyìshì	회의실
7	除了…以外	chúle…yǐwài	…을 제외하고
8	其它	qítā	기타
9	设备	shèbèi	설비, 시설
10	打算	dǎsuan	~할 계획이다, 계획
11	播放	bōfàng	방송하다
12	应该	yīnggāi	아마도
13	预先	yùxiān	사전에
14	没事	méishì	괜찮다
15	介绍	jièshào	소개하다
16	走上	zǒushàng	오르다
17	讲台	jiǎngtái	강단
18	讲话	jiǎnghuà	연설
19	台下	táixià	강단 아래
20	电脑	diànnǎo	컴퓨터
21	红色	hóngsè	붉은 색
22	激光指示器	jīguāng zhǐshìqì	레이저 포인터

묻고 답하기

Q 有什么问题吗?
Yǒu shénme wèntí ma?
무슨 문제 있습니까?

A 麦克风奇怪。
Màikèfēng qíguài.
마이크가 이상합니다.

Q 多功能会议室在哪儿?
Duōgōngnéng huìyìshì zài nǎr?
다목적회의실이 어디에 있습니까?

A 在二层。
Zài èr céng.
2층에 있습니다.

Q 播放没事儿吗?
Bōfàng méi shìr ma?
방송은 문제없나요?

A 没问题。
Méi wèntí.
문제없습니다.

Q 请介绍一下讲话全程。
Qǐng jièshào yíxià jiǎnghuà quánchéng.
강연 전 과정을 소개해 주세요.

A 从这边上台，也可以用电脑。
Cóng zhèbiān shàngtái, yě kěyǐ yòng diànnǎo.
이쪽에서 강단에 오르시고,
컴퓨터도 이용하실 수 있습니다.

실무회화1 ··· 기자재 준비

(在电话中的对话 Zài diànhuà zhōng de duìhuà)

客 人 我找不到麦克风。很奇怪，刚才还在手里呢？
Wǒ zhǎobudào màikèfēng. Hěn qíguài, gāngcái hái zài shǒuli ne?

服务员 张经理，好久不见！现在您在哪里？
Zhāng jīnglǐ, hǎo jiǔ bú jiàn! Xiànzài nín zài nǎli?

客 人 在31层多功能会议室。
Zài sān shí yī céng duōgōngnéng huìyìshì.

服务员 除了麦克风以外，还需要其他设备吗？
Chúle màikèfēng yǐwài, hái xūyào qítā shèbèi ma?

客 人 我打算要播放DVD，应该没问题了吧？
Wǒ dǎsuan yào bōfàng DVD, yīnggāi méi wèntí le ba?

服务员 是的，我预先已确认了所有的设备。
Shì de, wǒ yùxiān yǐ quèrèn le suǒyǒu de shèbèi.

(통화 중 대화)
손님 저 마이크를 못 찾겠어요. 정말 이상하네, 방금까지 손에 들고 있었는데?
직원 장 사장님, 오랜만입니다! 지금 어디에 계신가요?
손님 31층 다목적 회의실에 있습니다.
직원 마이크 외에 또 필요하신 기자재가 있으신가요?
손님 DVD를 틀려고 하는데 문제 없겠지요?
직원 네, 제가 사전에 모든 기자재를 확인했습니다.

실무회화2 … 리허설

服务员　张经理，您的麦克风就在这里。
Zhāng jīnglǐ, nín de màikèfēng jiù zài zhèli.

客　人　哎呦！真不好意思，给你添麻烦了。
Āiyōu! Zhēn bù hǎo yìsi, gěi nǐ tiān máfan le.

服务员　没事。现在我来介绍一下会议全程。
Méishì. Xiànzài wǒ lái jièshào yíxià huìyì quánchéng.

这边请！您可以从这边走上讲台。
zhèbiān qǐng! Nín kěyǐ cóng zhèbiān zǒushàng jiǎngtái.

在讲话时，可以用在台下的电脑。
Zài jiǎnghuà shí, kěyǐ yòng zài tái xià de diànnǎo.

也可以用这红色的激光指示器。
Yě kěyǐ yòng zhè hóngsè de jīguāng zhǐshìqì.

직원 장 사장님, 마이크 여기 있습니다.
손님 아이고! 정말 미안해요. 번거롭게 했네요.
직원 아닙니다. 제가 지금 회의과정을 소개해 드리겠습니다.
이쪽으로 오시죠! 이쪽에서 강단으로 올라가시면 됩니다.
연설하실 때 무대 아래의 컴퓨터를 사용하실 수 있고
또 이 레이저 포인트도 사용하실 수 있습니다.

해설 & 어휘

好久不见

好久不见은 오랜 시간 동안 보지 못했던 사람을 다시 만났을 때 자주 사용하는 표현이다. 시간적인 개념이 아닌 심리적인 개념으로, '오랜만입니다'라고 풀이한다.

除了~以外

除了~以外는 '~은 제외하고'의 뜻이다. 때로 除了~外나 除了~之外로 사용하기도 한다. 除了는 주어 앞에 쓰일 수 있으며, 뒤에 항상 都, 全 혹은 还, 也 등이 함께 쓰인다.

除了你以外，我们都去图书馆。

这里除了帽子以外，还有鞋子。

사무용품 办公用品 bàngōngyòngpǐn

- 펜　笔　bǐ
- 종이　纸　zhǐ
- 지우개　橡皮　xiàngpí
- 스테이플러　订书机　dìngshūjī
- 보드마카　白板笔　báibǎnbǐ
- 프로젝터　投影仪屏幕　tóuyǐngyípíngmù
- 포스트잇　便条纸　biàntiáozhǐ
- 칼　刀　dāo
- 가위　剪刀　jiǎndāo
- 자　尺　chǐ

작문연습

1 다음 빈 칸에 들어갈 적절한 단어를 고르시오.

需要　播放　找不到　预先

❶ 我＿＿＿＿麦克风。

❷ 你还＿＿＿＿什么设备?

❸ 我打算＿＿＿＿DVD。

❹ 我＿＿＿＿确认好了。

2 아래 단어를 이용하여 다음 문장을 중국어로 작문하시오.

讲话　讲台　全程　麻烦

❶ 번거롭게 해드렸네요.

❷ 제가 회의과정을 소개해 드리겠습니다.

❸ 이쪽에서 강단으로 올라가세요.

❹ 강연 시, 컴퓨터를 사용하실 수 있습니다.

NCS 기반
호텔실무 중국어회화

제 10 과

宴会管理 – 会议
연회관리 – 콘퍼런스(2)

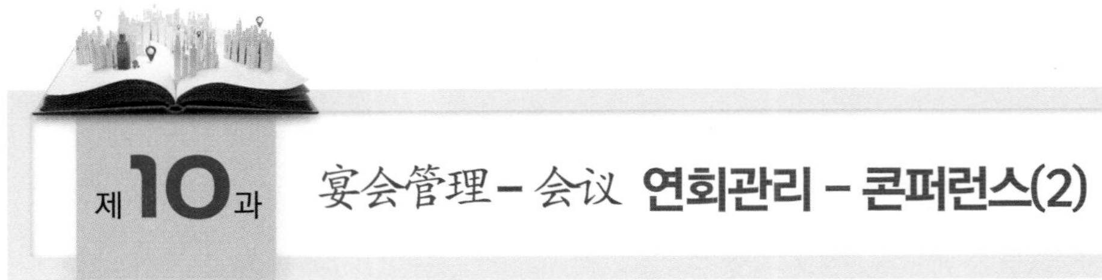

제10과 宴会管理－会议 연회관리 – 콘퍼런스(2)

연회행사 정산

▸ NCS 실무

연회행사 정산이란 현금유동성 확인, 연회행사 비용 내역서(BEO)를 작성하여 지불·결제처리를 완료하고, 연회행사 일일매출 관리장부 작성 및 미수금을 관리하는 능력이다.

Banquet Calculation

宴会计算

Yànhuì jìsuàn

단어

1	洽谈会	qiàtánhuì	협의회
2	结束	jiéshù	마치다
3	结账	jiézhàng	계산하다
4	顺利	shùnlì	순조롭다
5	托你的福	tuō nǐ de fú	당신 덕분입니다
6	哪里哪里	nǎli nǎli	천만에요
7	包含	bāohán	포함하다
8	包间费	bāojiānfèi	대실료
9	服务费	fúwùfèi	봉사료
10	等等	děngděng	기타 등
11	让	ràng	~하게 하다
12	投影机	tóuyǐngjī	프로젝터
13	免费	miǎnfèi	무료
14	提供	tígōng	제공하다
15	原来如此	yuánláirúcǐ	알고 보니 그렇다
16	税金	shuìjīn	세금
17	收据	shōujù	영수증

묻고 답하기

Q 洽谈会结束了吗?
Qiàtánhuì jiéshù le ma?
비즈니스회의는 끝났습니까?

A 还没有。
Hái méiyǒu.
아직이요.

Q 包含服务费吗?
Bāohán fúwùfèi ma?
봉사료가 포함되어 있나요?

A 不包含。
Bù bāohán.
포함되지 않습니다.

Q 有免费提供的吗?
Yǒu miǎnfèi tígōng de ma?
무료로 제공되는 것이 있습니까?

A 车费是免费的。
Chēfèi shì miǎnfèi de.
차비가 무료입니다.

Q 你要发票吗?
Nǐ yào fāpiào ma?
영수증 필요하십니까?

A 我要。
Wǒ yào.
필요합니다.

실무회화1 … 연회행사결제

客　人　我们的洽谈会刚结束了。结账吧!

Wǒmen de qiàtánhuì gāng jiéshù le.　Jiézhàng ba!

服务员　请坐! 洽谈会顺利地结束了吗?

Qǐng zuò! Qiàtánhuì shùnlì de jiéshù le ma?

客　人　是的, 托你的福了!

Shì de,　tuō nǐ de fú le!

服务员　哪里哪里。这是您的结账, 请看一下。

Nǎli nǎli.　Zhè shì nín de jiézhàng,　qǐng kàn yíxià.

结帐里包含了五个小时内的包间费、饮料、点心还有服务费等等。

Jiézhàng li bāohán le wǔ ge xiǎoshí nèi de bāojiānfèi、yǐnliào、diǎnxin háiyǒu fúwùfèi děngděng.

客　人　好, 让我看看。

Hǎo,　ràng wǒ kànkan.

손님 저희 비즈니스회의가 막 끝났어요. 계산하겠습니다.
직원 앉으세요. 회의는 순조롭게 마치셨습니까?
손님 네, 덕분에요.
직원 별말씀을요. 여기 계산서입니다. 보세요.
5시간 내의 대관비, 음료, 간식, 그리고 봉사료가 포함되었습니다.
손님 네, 제가 좀 보겠습니다.

실무회화2 ··· 계산서 확인

客　人　这是不是我们的结帐?

Zhè shì bu shì wǒmen de jiézhàng?

服务员　是的, 有问题吗?

Shì de, yǒu wèntí ma?

客　人　我们还使用了电脑和投影机。不过, 结账里没写了?

Wǒmen hái shǐyòng le diànnǎo hé tóuyǐngjī. Búguò, jiézhàng li méi xiě le?

服务员　那些设备都是饭店免费提供的。

Nà xiē shèbèi dōu shì fàndiàn miǎnfèi tígōng de.

客　人　原来如此。那么, 税金收据呢?

Yuánlái rúcǐ. Nàme, shuìjīn shōujù ne?

服务员　马上为您准备。

Mǎshàng wèi nín zhǔnbèi.

손님 이게 저희 계산서입니까?
직원 그렇습니다만, 문제가 있으신가요?
손님 저희가 컴퓨터와 프로젝터도 이용했는데 계산서에는 적혀 있지 않아서요.
직원 그런 시설은 모두 호텔에서 무료로 제공했습니다.
손님 아! 그렇군요. 그러면, 세금영수증은요?
직원 금방 준비해 드리겠습니다.

해설 & 어휘

동량사 一下

동사 뒤에서 '시험 삼아 한번 해본다'는 의미를 나타내는 一下는 현대 중국어에서 상당히 자주 사용하는 말이다. 동작의 횟수가 적거나 동작의 정도가 가볍고 경쾌함을 나타내며 请과 함께 사용되어 공손한 요구를 표현한다.

看一下。

Kànyíxià

请等一下。

Qǐng děngyíxià

색깔 颜色 yánsè

- 빨강 红色 hóngsè
- 흰색 白色 báisè
- 검정 黑色 hēisè
- 녹색 绿色 lǜsè
- 파랑 蓝色 lánsè
- 노랑 黄色 huángsè
- 주황 橙色 chéngsè

음료 饮料 yǐnliào

- 사이다 汽水 qìshuǐ
- 홍차 红茶 hóngchá
- 레몬차 柠檬茶 níngméngchá
- 오렌지주스 橘子汁 júzizhī
- 콜라 可乐 kělè
- 우유 牛奶 niúnǎi
- 밀크셰이크 奶昔 nǎixī
- 아이스크림 冰淇淋 bīngqílín
- 생수 矿泉水 kuàngquánshuǐ
- 버블티 珍珠奶茶 zhēnzhūnǎichá

작문연습

1 다음 빈 칸에 들어갈 적절한 단어를 고르시오.

结束　结帐　包含　拖

❶ 洽谈会刚 ______ 了。

❷ 都是 ______ 你的福了。

❸ 这是你的 ______ 。

❹ 这儿 ______ 服务费。

2 아래 단어를 이용하여 다음 문장을 중국어로 작문하시오.

税金收据　免费　摄影机　准备　提供

❶ 저희는 컴퓨터와 프로젝터를 이용하였습니다.

❷ 그것들은 모두 호텔에서 무료로 제공하였습니다.

❸ 세금영수증 주세요.

❹ 곧 준비해 드리겠습니다.

연회행사 사후관리

▸ **NCS 실무**

연회행사 사후관리란 연회행사 종료 후 고객만족도 확인, 불평·불만 처리, 분실물 관리, 시설물 파손 점검과 연회행사 업무보고서를 작성하는 능력이다.

Banquet Post Management

宴会事后管理

Yànhuì shìhòuguǎnlǐ

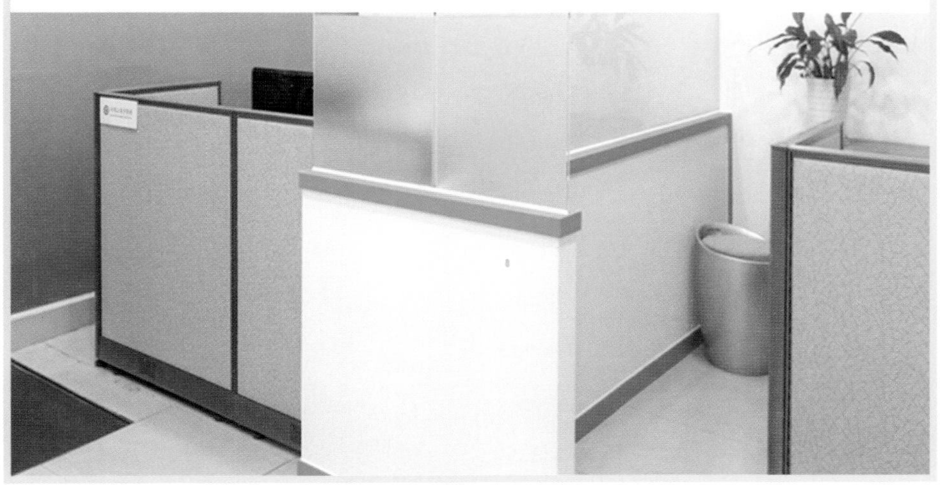

단어

1	收据	shōujù	영수증
2	就这样	jiù zhèyàng	이렇다
3	件	jiàn	(양사) 일, 사건을 세는 단위
4	事情	shìqing	일, 사건
5	次	cì	(양사) 번
6	当然	dāngrán	당연히
7	挺	tǐng	대단히
8	满意	mǎnyì	만족하다
9	家	jiā	(양사) 건물을 세는 단위
10	一流	yīliú	일류
11	不过	búguò	그러나
12	全部	quánbù	전부
13	老实话	lǎoshi huà	솔직한 말
14	热	rè	덥다
15	后来	hòulái	후에
16	空气	kōngqì	공기
17	闷	mēn	답답하다
18	下次	xià cì	다음 번
19	一定	yídìng	반드시
20	注意	zhùyì	주의하다
21	机会	jīhuì	기회
22	见到	jiàndao	보다, 만나다

묻고 답하기

Q	这是我的收据吗? Zhè shì wǒ de shōujù ma?	이제 저희 영수증입니까?
A	对，请收好。 Duì, qǐng shōu hǎo.	네, 잘 보관하세요.

Q	我们饭店的服务怎么样? Wǒmen fàndiàn de fúwù zěnmeyàng?	저희 호텔 서비스는 어땠나요?
A	我挺满意。 Wǒ tǐng mǎnyì.	아주 만족합니다.

Q	这儿的设备都是一流的。 Zhèr de shèbèi dōu shì yīliú de.	여기 시설은 최고입니다.
A	谢谢。 Xièxie.	감사합니다.

Q	会议室有点儿闷。 Huìyìshì yǒu diǎnr mēn.	회의실이 조금 답답하네요.
A	真不好意思。 Zhēn bù hǎo yìsi.	죄송합니다.

실무회화1 … 고객만족도 확인

服务员　张经理, 这是您的税金收据, 请收好。

Zhāng jīnglǐ, zhè shì nín de shuìjīn shōujù, qǐng shōu hǎo.

客　人　好! 那就这样。

Hǎo! Nà jiù zhèyàng.

服务员　麻烦您等一下, 我想问一件事情。

Máfan nín děng yixià, wǒ xiǎng wèn yí jiàn shìqing.

客　人　什么事?

Shénme shì?

服务员　这次我们饭店的服务怎么样?

Zhè cì wǒmen fàndiàn de fúwù zěnmeyàng?

客　人　当然挺好的! 我很满意!

Dāngrán tǐng hǎo de! Wǒ hěn mǎnyì!

직원 장 사장님, 여기 세금영수증입니다. 받아주세요.
손님 네, 그러면 이렇게 다 되었네요.
직원 죄송하지만 잠시 기다려주세요. 제가 한 가지 여쭙고 싶은 게 있어요.
손님 무슨 일이죠?
직원 이번에 저희 호텔의 서비스가 어떠셨는지요?
손님 당연히 상당히 좋았지요! 매우 만족했습니다.

실무회화2 … 불평·불만 처리

客　人　这家饭店的服务和设备都是一流的。不过…

Zhè jiā fàndiàn de fúwù hé shèbèi dōu shì yīliú de. Búguò…

服务员　没关系，请您全部跟我说吧。

Méi guānxì, qǐng nín quánbù gēn wǒ shuō ba.

客　人　说老实话，宴会厅太热了。后来空气也变得有点闷。

Shuō lǎoshi huà, yànhuìtīng tài rè le. hòulái kōngqì yě biànde yǒudiǎn mēn.

服务员　是吗？真不好意思。下次一定要注意的。

Shì ma? Zhēn bù hǎo yìsi. Xià cì yídìng yào zhùyì de.

客　人　好的。

Hǎo de.

服务员　谢谢，张经理。希望下次还有机会能见到您。

Xièxie, Zhāng jīnglǐ. Xīwàng xià cì háiyǒu jīhuì néng jiàndao nín.

손님　이 호텔은 서비스와 시설이 모두 일류죠. 그런데...
직원　괜찮습니다. 모두 말해주세요.
손님　솔직히 말하면 연회장이 조금 더웠어요.
나중엔 공기도 좀 답답하더라고요.
직원　그러셨어요? 정말 죄송합니다. 다음엔 꼭 주의하겠습니다.
손님　그래요.
직원　감사합니다. 장 사장님, 다음번에 다시 뵐 수 있기를 바라겠습니다.

해설 & 어휘

양사 件

양사는 수량을 세는 단위로 쓰인다. 중국어는 수사나 지시사와 함께 양사를 반드시 사용해야 한다. 件은 하나씩 셀 수 있는 물건이나 사건을 나타낸다.

一件衣服　　一件事情

호텔 부서

礼宾部 lǐbīnbù	컨시어지	Concierge
人力资源部 rénlìzīyuánbù	인사부	Human Resources Dept.(HR)
前厅部 qiántīngbù	프런트 오피스	Front Office
管家部 guǎnjiābù	하우스키핑	Housekeeping Dept.
餐饮部 cānyǐnbù	식음료부	Food & Beverage Dept.(F&B)
财务部 cáiwùbù	재무과	Financial Dept.
营销部 yíngxiāobù	영업부/판매부	Sales Dept.
保安部 bǎo'ānbù	안전부	Security Dept.
工程部 gōngchéngbù	시설부	Engineering Dept.

작문연습

1 다음 빈 칸에 들어갈 적절한 단어를 고르시오.

挺　件　收　服务

❶ 请＿＿＿＿好。

❷ 我想问一＿＿＿＿事情。

❸ 我们的＿＿＿＿怎么样?

❹ 我＿＿＿＿满意的。

2 아래 단어를 이용하여 다음 문장을 중국어로 작문하시오.

设备　闷　注意

❶ 서비스와 설비가 최고입니다.

❷ 솔직히 연회실이 조금 덥네요.

❸ 다음번엔 꼭 주의하겠습니다.

NCS 기반
호텔실무 중국어회화

제 11 과

辅助设备管理
부대시설관리(1)

제 11 과 辅助设备管理 부대시설관리(1)

부대시설관리는 숙박객 및 방문객의 이용 목적에 따른 편의 제공을 위해 식음료와 판매시설, 레저 스포츠 시설 등을 설치하여 운영·관리하는 것이다.

Auxiliary Equipment Management

辅助设备管理

Fǔzhù shèbèi guǎnlǐ

호텔 레스토랑서비스

▸ **NCS 실무**

호텔 레스토랑서비스란 기물을 준비하여 테이블 세팅을 하고, 고객의 예약을 응대하고, 방문고객을 영접하고, 메뉴를 추천하여 주문을 받고, 주문한 음식을 제공한 후 테이블을 재정리하고, 고객을 환송하는 등 호텔의 레스토랑에서 고객서비스 업무를 수행하는 능력이다.

Restaurant Service

餐厅服务

Cāntīng fúwù

단어

1	几位	jǐ wèi	몇 분
2	这边请	zhèbiān qǐng	이쪽으로 오세요
3	菜单	càidān	메뉴
4	不太	bú tài	그다지 ~지 않다
5	熟悉	shúxī	익숙하다
6	韩国菜	Hánguócài	한국요리
7	点	diǎn	주문하다
8	问	wèn	묻다
9	拿手菜	náshǒucài	가장 자신 있는 요리
10	泡菜汤	pàocàitāng	김치찌개
11	和	hé	~와
12	大酱汤	dàjiàngtāng	된장찌개
13	听说	tīng shuō	듣자 하니
14	石锅拌饭	shíguō bànfàn	돌솥비빔밥
15	好吃	hǎochī	맛있다
16	没错	méi cuò	틀림없다
17	~之一	zhī yī	~중의 하나
18	辣	là	맵다
19	的话	de huà	~하다면
20	少放	shǎo fàng	조금만 넣다
21	辣椒酱	làjiāojiàng	고추장

묻고 답하기

Q 你们几位?
Nǐmen jǐ wèi?
몇 분이십니까?

A 我们四个人。
Wǒmen sì ge rén.
네 명입니다.

Q 点菜吧。
Diǎn cài ba.
주문하세요.

A 我不太熟悉韩国菜。
Wǒ bú tài shúxī Hánguócài.
전 한국음식 잘 몰라요.

Q 你们的拿手菜是什么?
Nǐmen de náshǒucài shì shénme?
가장 훌륭한 요리는 무엇입니까?

A 泡菜汤很好吃。
Pàocàitāng hěn hǎochī.
김치찌개가 맛있습니다.

Q 石锅拌饭辣吗?
Shíguō bànfàn là ma?
돌솥비빔밥은 매워요?

A 有点儿辣。
Yǒu diǎnr là.
조금 매워요.

실무회화1 … 고객 영접하기

服务员	欢迎光临！你们几位？ Huānyíng guānglín! Nǐmen jǐ wèi?
客 人1	三个人。 Sān ge rén.
服务员	这边请！ 这是菜单。 Zhèbiān qǐng! Zhè shì càidān.
客 人1	我不太熟悉韩国菜，你们点吧！ Wǒ bú tài shúxī Hánguócài, nǐmen diǎn ba!
客 人2	我也不太熟悉。 Wǒ yě bú tài shúxī.
客 人3	我们还是问服务员吧。 Wǒmen háishi wèn fúwùyuán ba.

종업원 어서 오세요! 몇 분이신가요?
손님1 세 명입니다.
종업원 이쪽으로 오세요. 여기 메뉴입니다.
손님1 난 한국음식이 그다지 익숙지 않으니 너희들이 주문해!
손님2 나도 별로 익숙하지 않아.
손님3 우리 그냥 종업원에게 물어보자.

실무회화2 … 메뉴 추천하기

服务员　我们这儿的拿手菜是泡菜汤和大酱汤。

Wǒmen zhèr de náshǒucài shì pàocàitāng hé dàjiàngtāng.

泡菜汤有点辣，大酱汤不太辣。

Pàocàitāng yǒu diǎn là, dàjiàngtāng bú tài là.

客　人　听说，石锅拌饭是最好吃的韩国菜，对吗？

Tīng shuō, shíguō bànfàn shì zuì hǎochī de Hánguócài, duì ma?

服务员　没错。石锅拌饭也是我们的拿手菜之一。

Méi cuò. Shíguō bànfàn yě shì wǒmen de náshǒucài zhī yī.

客　人　石锅拌饭也辣吗？

Shíguō bànfàn yě là ma?

服务员　如果您要的话，可以少放辣椒酱。

Rúguǒ nín yào de huà, kěyǐ shǎo fàng làjiāojiàng.

종업원 저희 식당은 김치찌개와 된장찌개가 가장 맛있습니다.
김치찌개는 약간 맵고요, 된장찌개는 그다지 맵지 않습니다.

손님 듣자 하니 돌솥비빔밥이 가장 맛있는 한국음식이라는데요. 맞나요?

종업원 맞습니다. 돌솥비빔밥 역시 저희 식당에서 가장 맛있는 음식 중 하나입니다.

손님 돌솥비빔밥도 많이 매운가요?

종업원 만일 손님께서 원하신다면, 고추장을 조금만 넣을 수 있습니다.

해설 & 어휘

레스토랑 기물

菜单 càidān	메뉴	Menu
餐叉 cānchā	포크	Fork
餐刀 cāndāo	나이프	Knife
匙 chí	수저	Spoon
筷子 kuàizi	젓가락	Chopsticks
托盘 tuōpán	쟁반	Tray
盘 pán	접시	Plate
杯子 bēizi	컵	Cup
湿纸巾 shīzhǐjīn	물수건	Wet wipe

다섯 가지 맛 五味 wǔwèi

- 짜다　咸　xián ———— 소금　盐　yán
- 달다　甜　tián ———— 설탕　糖　táng
- 맵다　辣　là ———— 고추　辣椒　làjiāo
- 시다　酸　suān ———— 식초　醋　cù
- 쓰다　苦　kǔ ———— 커피　咖啡　kāfēi

작문연습

1 다음 빈 칸에 들어갈 적절한 단어를 고르시오.

位　点　欢迎　熟悉

❶ ______ 光临。

❷ 你们几 ______ ?

❸ 我不太 ______ 韩国菜。

❹ 我们 ______ 菜吧。

2 아래 단어를 이용하여 다음 문장을 중국어로 작문하시오.

拿手菜　放　好吃　辣

❶ 우리가 가장 자신 있는 요리는 된장찌개입니다.

❷ 별로 맵지 않습니다.

❸ 가장 맛있는 한국음식은 무엇입니까?

❹ 고추장을 조금만 넣으면 됩니다.

호텔 음료서비스

▸ **NCS 실무**

호텔 음료서비스란 음료 준비, 음료 기물 및 부재료의 준비, 음료 제조 및 서빙, 음료 재고관리 등 고객에게 음료를 제조하고 서비스하는 능력이다.

Beverage Service

饮料服务

Yǐnliào fúwù

단어

1	杯	bēi	잔, 컵
2	香草拿铁	xiāngcǎonátiě	바닐라 라테
3	冰的	bīng de	찬 것
4	还是	háishi	아니면
5	热的	rè de	뜨거운 것
6	加	jiā	더하다
7	生奶油	shēngnǎiyóu	생크림
8	既然	jìrán	~된 바에야
9	签	qiān	서명하다
10	账单	zhàngdān	계산서, 명세서
11	向	xiàng	~~에게, ~을 향해
12	收费	shōu fèi	비용을 받다
13	椰林飘香	yēlín piāoxiāng	피나 콜라다
14	瓶	píng	병
15	冰块	bīngkuài	얼음
16	矿泉水	kuàngquánshuǐ	생수
17	开水	kāishuǐ	끓인 물
18	别的	bié de	다른 것

묻고 답하기

Q 你要喝什么?
Nǐ yào hē shénme?
뭐 마실래요?

A 我要喝咖啡。
Wǒ yào hē kāfēi.
커피 마실게요.

Q 你要冰的吗?
Nǐ yào bīng de ma?
차가운 걸로 드릴까요?

A 多放冰块儿。
Duō fàng bīngkuàir.
얼음 많이 넣어주세요.

Q 加生奶油吗?
Jiā shēngnǎiyóu ma?
생크림 올려드릴까요?

A 少一点儿。
Shǎo yì diǎnr.
조금이요.

Q 你要矿泉水还是开水?
Nǐ yào kuàngquánshuǐ háishi kāishuǐ?
생수로 드릴까요?
뜨거운 걸로 드릴까요?

A 要矿泉水。
Yào kuàngquánshuǐ.
생수 주세요.

실무회화1 … 음료 주문받기

客　人　我要一杯香草拿铁。

Wǒ yào yì bēi xiāngcǎonátiě.

服务员　您要冰的还是热的?

Nín yào bīng de háishi rè de?

客　人　冰的。

Bīng de.

服务员　您喜欢加生奶油吗?

Nín xǐhuan jiā shēngnǎiyóu ma?

客　人　我喜欢, 不过少一点吧。结账呢?

Wǒ xǐhuan, búguò shǎo yìdiǎn ba. Jiézhàng ne?

既然您住在我们的酒店, 您可以签一下账单。
在退房时, 酒店会向您收费的。

Jìrán nín zhùzài wǒmen de jiǔdiàn, nín kěyǐ qiān yíxià zhàngdān.
Zài tuì fáng shí, jiǔdiàn huì xiàng nín shōu fèi de.

손님 바닐라 라테 한 잔 주세요.
직원 찬 것을 원하세요, 아니면 뜨거운 것을 원하세요?
손님 차게 주세요.
직원 크림을 추가해 드리는 게 좋으세요?
손님 좋아요, 그런데 조금만 주세요. 계산은요?
직원 손님께서 저희 호텔에 머무시니 계산서에 서명만 해주시면 됩니다.
체크아웃하실 때 호텔에서 받을 겁니다.

실무회화2 … 음료 서빙하기

服务员　这是您的椰林飘香。
Zhè shì nín de yēlín piāoxiāng.

客　人　麻烦你，我还要一瓶水和冰块。
Máfan nǐ,　wǒ hái yào yì píng shuǐ hé bīngkuài.

服务员　没问题，您要矿泉水还是开水？
Méi wèntí,　nín yào kuàngquánshuǐ háishi kāishuǐ?

客　人　矿泉水。
Kuàngquánshuǐ.

服务员　好的，还要点别的吗？
Hǎo de,　hái yào diǎn bié de ma?

客　人　就这样，谢谢。
jiù zhèyàng,　xièxie.

직원 주문하신 피나 콜라다 나왔습니다.
손님 번거롭게 해서 미안한데 물 한 병이랑 얼음도 주세요.
직원 괜찮습니다. 생수를 드릴까요, 뜨거운 물을 드릴까요?
손님 생수요.
직원 알겠습니다. 더 주문하실 게 있나요?
손님 이것뿐이에요, 고마워요.

해설 & 어휘

선택의문문 还是

还是는 둘 중 하나를 선택하는 선택의문문을 만들 때 주로 사용하며 '또는', '아니면'으로 풀이된다. 보통 A 还是 B의 문형으로 표현된다.

你喜欢红色还是绿色?
Nǐ xǐhuan hóngsè háishì lǜsè?

你想吃饭还是喝酒?
Nǐ xiǎng chī fàn háishì hē jiǔ?

주류 酒类 jiǔlèi

- 맥주　啤酒　píjiǔ
- 와인　葡萄酒　pútáojiǔ
- 진　琴酒　qínjiǔ
- 브랜디　白兰地　báilándì
- 위스키　威士忌　wēishìjì
- 보드카　伏特加　fútèjiā
- 온더록스　酒加冰块　jiǔ jiā bīngkuài
- 데킬라　龙舌兰酒　lóngshélánjiǔ
- 샴페인　香槟酒　xiāngbīnjiǔ
- 칵테일　鸡尾酒　jīwěijiǔ
- 얼음　冰块　bīngkuài
- 빨대　吸管　xīguǎn
- 소주　韩国烧酒　Hánguóshāojiǔ
- 막걸리　马格利酒　Mǎgélìjiǔ

커피 & 베이커리 咖啡 kāfēi & 面包房 miànbāofáng

- 엔제리너스커피 安琦丽诺咖啡 Ānqílìnuòkāfēi
- 스타벅스 星巴克 Xīngbākè
- 할리스커피 豪丽斯咖啡 Háolìsīkāfēi
- 카페베네 咖啡陪你 Kāfēipéinǐ
- 파리바게트 巴黎贝甜 Bālíbèitián
- 뚜레쥬르 多乐之日 Duōlèzhīrì

작문연습

1 다음 빈 칸에 들어갈 적절한 단어를 고르시오.

还是　少　冰　加

❶ 我要喝 ______ 咖啡。

❷ 你要冰的 ______ 热的?

❸ 你喜欢 ______ 生奶油吗?

❹ ______ 放一点儿。

2 아래 단어를 이용하여 다음 문장을 중국어로 작문하시오.

加　还　瓶　杯

❶ 얼음을 더 주실 수 있나요?

______

❷ 생수 한 병 주세요.

______

❸ 커피 두 잔 주세요.

______

❹ 더 주문하시겠습니까?

______

NCS 기반
호텔실무 중국어회화

제 12 과

辅助设备管理
부대시설관리(2)

제 12 과 辅助设备管理 부대시설관리(2)

피트니스센터 운영

▸ NCS 실무

피트니스센터 운영이란 이용객의 편의를 제공하기 위해 체련장, 수영장, 골프연습장, 사우나·스파 등의 레저 스포츠 시설을 운영·관리하는 능력이다.

Fitness Center

健身中心

Jiànshēn zhōngxīn

단어

1	用	yòng	사용하다
2	健身房	jiànshēnfáng	헬스클럽
3	会员	huìyuán	회원
4	卡	kǎ	카드
5	使用	shǐyòng	사용하다
6	营业	yíngyè	영업하다
7	游泳池	yóuyǒngchí	수영장
8	支付	zhīfù	지불하다
9	方式	fāngshì	방식, 방법
10	年底	niándǐ	연말
11	免费	miǎnfèi	무료로 하다
12	室外	shìwài	실외
13	哇塞	wāsài	우와
14	又~又~	yòu~ yòu	~하기도 하고 ~하기도 하다
15	美丽	měilì	아름답다
16	完美	wánměi	매우 훌륭하다
17	为了	wèile	~위하여
18	安全	ānquán	안전하다
19	安排	ānpái	배치하다
20	保安	bǎo'ān	보안
21	超厉害	chāo lìhai	엄청나다

묻고 답하기

Q	这儿可以用健身房吗? Zhèr kěyǐ yòng jiànshēnfáng ma?	여기 헬스클럽 사용할 수 있나요?
A	当然可以。 Dāngrán kěyǐ.	물론입니다.

Q	有没有会员卡? Yǒu méiyǒu huìyuánkǎ?	회원카드 있나요?
A	现在没有。 Xiànzài méiyǒu.	지금은 없습니다.

Q	饭店里有游泳池吗? Fàndiàn li yǒu yóuyǒngchí ma?	호텔에 수영장이 있나요?
A	有室外游泳池。 Yǒu shìwài yóuyǒngchí.	실외수영장이 있습니다.

Q	那家饭店怎么样? Nà jiā fàndiàn zěnmeyàng?	그 호텔 어때요?
A	又大又美丽。 Yòu dà yòu měilì.	크고 예뻐요.

실무회화1 … 체련장 관리하기

客　人　我想用健身房，可以吗？

Wǒ xiǎng yòng jiànshēnfáng, kěyǐ ma?

服务员　早上好！金先生，您是我们酒店的会员吧？

Zǎoshang hǎo! Jīn xiānsheng, nín shì wǒmen jiǔdiàn de huìyuán ba?

客　人　是的。这是我的会员卡。

Shì de. Zhè shì wǒ de huìyuánkǎ.

服务员　现在您可以使用24个小时营业的健身中心和游泳池。

Xiànzài nín kěyǐ shǐyòng èr shí sì ge xiǎoshí yíngyè de jiànshēn zhōngxīn hé yóuyǒngchí.

客　人　支付方式呢？

Zhīfù fāngshì ne?

服务员　到年底都是免费。

Dào niándǐ dōushì miǎnfèi.

손님 지금 헬스장을 사용할 수 있나요?
직원 안녕하세요! 김 선생님, 저희 호텔 회원이시죠?
손님 그렇습니다. 여기 제 회원카드예요.
직원 현재 24시간 여는 헬스센터와 수영장을 사용하실 수 있으세요.
손님 지불은 어떻게 하지요?
직원 연말까지는 모두 무료입니다.

실무회화2 … 수영장 관리하기

客　人　酒店的游泳池在哪里?

Jiǔdiàn de yóuyǒngchí zài nǎli?

服务员　这边请。请看，是中国最大的室外游泳池。

Zhèbiān qǐng. Qǐng kàn, shì Zhōngguó zuì dà de shìwài yóuyǒngchí.

客　人　哇塞! 又大又美丽。

Wāsài! Yòu dà yòu měilì.

服务员　是的。非常完美的设备。

Shì de. Fēicháng wánměi de shèbèi.

为了会员的安全，我们还安排了保安人员。

Wèile huìyuán de ānquán, wǒmen hái ānpái le bǎo'ān rényuán.

客　人　超厉害!

Chāo lìhai!

손님 호텔 수영장은 어디입니까?
직원 이쪽으로 오세요. 중국 최대 실외수영장입니다.
손님 우와! 크고 예쁘네요.
직원 그렇습니다. 대단히 아름다운 시설이죠.
회원님의 안전을 위해 보안요원을 배치했습니다.
손님 정말 대단하네요!

해설 & 어휘

想

조동사 想은 '~하고 싶다'는 의미로, 자신의 소망을 나타낸다.

我想去美国旅行。

Wǒ xiǎng qù Měiguó lǚxíng.

最近太忙了，我很想休息。

Zuìjìn tài máng le, wǒ hěn xiǎng xiūxi.

운동 运动 yùndòng

• 유산소	有呼吸运动	yǒuhūxīyùndòng
• 근력운동	肌肉运动	jīròuyùndòng
• 농구	篮球	lánqiú
• 야구	棒球	bàngqiú
• 배구	排球	páiqiú
• 축구	足球	zúqiú
• 탁구	乒乓球	pīngpāngqiú
• 테니스	网球	wǎngqiú
• 요가	瑜伽	yújiā
• 골프	高尔夫球	gāo'ěrfūqiú
• 태권도	跆拳道	táiquándào
• 피겨스케이팅	花样滑冰	huāyànghuábīng

작문연습

1 다음 빈 칸에 들어갈 적절한 단어를 고르시오.

会员卡　用　免费

❶ 现在可以＿＿＿健身房吗?

❷ 您有没有＿＿＿?

❸ 到年底都是＿＿＿。

2 아래 단어를 이용하여 다음 문장을 중국어로 작문하시오.

为了　厉害　又~又~　安排　请

❶ 이쪽으로 오세요.

❷ 크고 예쁩니다.

❸ 안전을 위하여, 보안요원을 배치하였습니다.

❹ 정말 최고네요.

스파

▸ **NCS 실무**

호텔의 부대시설 가운데 하나인 스파는 고객에게 휴식과 편의를 제공한다. 본 업무는 스파를 이용하려는 고객을 대상으로 예약을 받고 프로그램을 설명하며 상담하는 것이다.

Spa

水疗

Shuǐliáo

단어

1	水疗	shuǐliáo	스파
2	预约	yùyuē	예약하다
3	崔美那	Cuī Měinà	(인명) 최미나
4	太太	tàitai	부인
5	老公	lǎogōng	남편
6	一起	yìqǐ	함께
7	首先	shǒuxiān	먼저
8	喝	hē	마시다
9	茶	chá	차
10	洋甘菊茶	yánggānjúchá	카모마일
11	草本茶	cǎoběnchá	허브티
12	项目	xiàngmù	프로그램
13	第一次	dì yī cì	첫 번째
14	推荐	tuījiàn	추천하다
15	行	xíng	좋다, 된다
16	共	gòng	전부
17	护理室	hùlǐshì	관리실
18	面部	miànbù	얼굴
19	护理	hùlǐ	관리
20	身体	shēntǐ	몸
21	按摸	ànmó	안마
22	男士	nánshì	남성
23	套餐	tàocān	패키지, 세트

묻고 답하기

Q 我要用水疗中心。
Wǒ yào yòng shuǐliáo zhōngxīn.
스파를 이용하고 싶습니다.

A 我陪你去。
Wǒ péi nǐ qù.
제가 안내해 드리겠습니다.

Q 您预订了吗?
Ní yùdìng le ma?
예약하셨습니까?

A 对。我是崔美那。
Duì. Wǒ shì Cuī Měinà.
네, 최미나입니다.

Q 请喝点儿茶。
Qǐng hē diǎnr chá.
차 좀 드세요.

A 谢谢。
Xièxie.
감사합니다.

Q 你有没有想要的?
Nǐ yǒu méiyǒu xiǎng yào de?
하고 싶으신 것이 있습니까?

A 我是第一次来的。
Wǒ shì dì yī cì lái de.
처음 왔습니다.

실무회화1 … 스파 입장

客　人　欢迎光临! 水疗中心。
Huānyíng guānglín! Shuǐliáo zhōngxīn.

服务员　我们已经预约了, 是崔美那。
Wǒmen yǐjīng yùyuē le, shì Cuī Měinà.

客　人　请稍等。是3:30预约的崔太太, 对吗?
Qǐng shāo děng. Shì sān diǎn bàn yùdyuē de Cuī tàitai, duì ma?

服务员　就是。这位是我老公, 我们要一起做。
Jiùshì. Zhè wèi shì wǒ lǎogōng, wǒmen yào yìqǐ zuò.

好! 首先, 请喝点儿茶吧。
Hǎo! Shǒuxiān, qǐng hē diǎnr chá ba.

这是洋甘菊茶, 是一种草本茶。
Zhè shì yánggānjúchá, shì yì zhǒng cǎoběnchá.

직원 어서 오세요! 스파센터입니다.
손님 저희 최미나로 예약했습니다.
직원 잠시만 기다리세요. 3시 반에 예약하신 최 여사님이시죠?
손님 그렇습니다. 이분은 제 남편인데요. 저희가 함께 받으려고요.
직원 네! 먼저 차부터 드시지요.
카모마일인데 허브티의 일종입니다.

실무회화2

服务员　崔太太, 您有没有想要的项目?
Cuī tàitai, nín yǒu méiyǒu xiǎng yào de xiàngmù?

客　人　我是第一次来的, 所以不太清楚。
Wǒ shì dì yī cì lái de, suǒyǐ bú tài qīngchu.

你来推荐一个吧!
Nǐ lái tuījiàn yí ge ba!

服务员　行! 我们水疗中心内共有17间护理室。
Xíng! Wǒmen shuǐliáo zhōngxīn nèi gòng yǒu shí qī jiān hùlǐshì.

请您先看水疗服务菜单。有面部护理、
Qǐng nín xiān kàn shuǐliáo fúwù càidān. Yǒu miànbù hùlǐ,

身体护理、身体按摸、男士护理、护理套餐等等。
shēntǐ hùlǐ, shēntǐ ànmó, nánshì hùlǐ, hùlǐ tàocān děngděng.

직원 최 여사님, 생각하고 계신 프로그램이 있으신가요?
손님 제가 처음 와서 잘 모르겠어요.
하나만 추천해 주세요!
직원 네! 저희 스파센터는 17개의 관리실이 있습니다.
먼저 스파 프로그램 을 보시면, 페이스케어,
바디케어, 바디 마사지, 남성 케어, 케어 패키지 등이 있습니다.

해설 & 어휘

부사 就

就는 강한 긍정의 어기를 나타내며 '바로', '틀림없이'라고 풀이한다. 판단동사 是 앞에서 수식하며 사실이 그러하다는 것을 나타낸다.

这就是我的作业。

Zhè jiùshì wǒ de zuòyè.

她就是我的老师。

Tā jiùshì wǒ de lǎoshī

한국음식 韩国菜 Hánguócài

- 김밥　紫菜卷饭　Zǐcàijuǎnfàn
- 닭갈비　铁板鸡　Tiěbǎnjī
- 감자탕　脊骨土豆汤　Jǐgǔtǔdòutāng
- 떡볶이　炒年糕　Chǎoniángāo
- 누룽지　锅巴粥　Guōbāhōu
- 치킨과 맥주　炸鸡啤酒　Zhájīpíjiǔ
- 제육볶음　辣炒猪肉　Làchǎozhūròu
- 부대찌개　部队火锅　Bùduìhuǒguō
- 삼계탕　参鸡汤　Shēnjītāng
- 불고기　烤肉　Kǎoròu

작문연습

1 다음 빈 칸에 들어갈 적절한 단어를 고르시오.

预订　项目　一起

❶ 您有没有想要的 ______ ?

❷ 我是三点 ______ 的崔美那。

❸ 我们要 ______ 做。

2 아래 단어를 이용하여 다음 문장을 중국어로 작문하시오.

护理　套餐　推荐　清楚

❶ 저는 처음 와서 잘 모릅니다.

❷ 하나 추천해 주세요.

❸ 먼저 스파 프로그램을 보세요.

❹ 저희는 페이스케어, 바디케어, 케어 패키지 등이 있습니다.

NCS 기반
호텔실무 중국어회화

제 13 과

赌场
카지노

제 13 과 赌场 카지노

카지노

Casino

赌场

Dǔchǎng

단어

1	发牌员	fāpáiyuán	딜러
2	玩	wán	놀다
3	百家乐	Bǎijiālè	바카라
4	换	huàn	바꾸다
5	下注	xià zhù	베팅하다
6	对子	duìzi	페어(Pair)
7	压	yā	돈을 걸다
8	和	hé	타이(Tie)
9	必须	bìxū	반드시 ~해야 한다
10	自己	zìjǐ	스스로
11	不要	bú yào	~하지 마라
12	扔	rēng	던지다
13	筹码	chóumǎ	칩
14	钱	qián	돈
15	赶快	gǎnkuài	재빨리
16	不能	bù néng	~할 수 없다
17	庄	zhuāng	플레이어(Player)
18	闲	xián	뱅커(Banker)
19	赢	yíng	승리하다
20	输	shū	패하다

묻고 답하기

Q	你要玩儿百家乐吗? Nǐ yào wánr Bǎijiālè ma?	바카라 플레이하시겠습니까?
A	是的。 Shì de.	네.

Q	您必须要自己下注。 Nín bìxū yào zìjǐ xià zhù.	반드시 직접 베팅하셔야 합니다.
A	明白了。 Míngbai le.	알겠습니다.

Q	这里下注吗? Zhèli xià zhù ma?	여기에 베팅하는 겁니까?
A	没错。 Méi cuò.	맞습니다.

실무회화1

发牌员　先生, 您要玩百家乐吗?
Xiānsheng, nín yào wán Bǎijiālè ma?

客　人　是的。换20万吧。
Shì de.　Huàn èr shí wàn ba.

发牌员　您要怎么下注?
Nín yào zěnme xià zhù?

客　人　我要对子与和上各压10万。
Wǒ yào duìzi yǔ hé shang gè yā shí wàn.

发牌员　请您拿好, 不过您必须要自己下注。
Qǐng nín ná hǎo, búguò nín bìxū yào zìjǐ xià zhù.

客　人　明白了。
Míngbai le.

딜러 손님, 바카라 플레이하시겠습니까?
손님 네, 20만 원 체인지해 주세요.
딜러 어떻게 베팅하실는지요?
손님 페어랑 타이에 각 5만 원씩 베팅할래요.
딜러 여기 있습니다. 그런데 손님께서 직접 베팅해 주셔야 해요.
손님 알겠습니다.

실무회화2

客　人	在这里下注吗? Zài zhèli xià zhù ma?
发牌员	没错。请不要扔筹码。 Méi cuò.　Qǐng bú yào rēng chóumǎ.
客　人	好好, 赶快开始吧! Hǎo hǎo, gǎnkuài kāishǐ ba!
发牌员	那现在开始不能下注。 Nà xiànzài kāishǐ bù néng xià zhù. 庄是8, 闲是2。庄赢了! Zhuāng shì bā, xián shì èr. Zhuāng yíng le!
客　人	哎呀, 我输了。 Āiyā,　wǒ shū le.

손님 여기에 베팅하는 거죠?
딜러 맞습니다. 칩은 던지지 마세요.
손님 좋아요, 빨리 시작합시다!
딜러 그럼 지금부터는 베팅하실 수 없습니다.
뱅커 8, 딜러 2, 뱅커 윈!
손님 아이고, 졌네.

해설 & 어휘

호텔 상용문구

请勿打扰 qǐng wù dǎrǎo	방해금지	Do Not Disturb(DND)
贵宾 guìbīn	귀빈	VIP
留言 liúyán	메시지	Message
订房不到 dìngfáng búdào	노 쇼	No-show
取消 qǔxiāo	취소	Cancellation
无预订散客 wú yùdìng sǎnkè	예약 없이 온 손님	Walk-in
超额预订 chāo'é yùdìng	초과예약	Over booking
叫醒服务 jiàoxǐng fúwù	모닝콜	Morning call
投诉 tóusù	컴플레인	Complain
维修房 wéixiūfáng	판매 불가 객실	Out of Order(OOO)
失物招领 shīwùzhāolǐng	분실물센터	Lost and found
房间状态 fángjiān zhuàngtài	룸상태	Room status
小费 xiǎofèi	팁	Tips
提早入住 tízǎo rùzhù	얼리 체크인	Early Check-In

晚退房 wǎn tuìfáng	레이트 체크아웃	Late Check-Out
押金 yājīn	보증금	Deposit
免费 miǎnfèi	증정, 무료	Complimentary
加床 jiāchuáng	추가침대	Extra Bed
凭证 píngzhèng	바우처	Voucher
欢迎饮料 huānyíng yǐnliào	웰컴 음료	Welcome Drink

작문연습

1 다음 빈 칸에 들어갈 적절한 단어를 고르시오.

玩儿　　换　　下注

❶ 我要 ______ 十万。

❷ 您要怎么 ______ ?

❸ 您要 ______ 百家乐吗?

2 아래 단어를 이용하여 다음 문장을 중국어로 작문하시오.

下注　　输　　开始　　扔

❶ 여기에 베팅하는 겁니까?

❷ 칩스를 던지지 마세요.

❸ 빨리 시작합시다.

❹ 졌군요.

저자소개

이현주

- 순천향대학교 대학원 관광경영학 석사
- 순천향대학교 대학원 관광경영학 박사
- 대만 타이베이 담강대학교, 중국 북경 이공대학교 연수
- Korea Leadership Center 창의적 교수법 수료
- 경기카네기연구소 Dale Carnegie Course 최고 경영자과정 수료
- 국가직무능력표준(NCS) 훈련과정 수료
- Golden Elephant Hotel in Guilin(China) 객실부 과장
- 순천향대학교 글로벌경영대학원 외래교수
- 한양사이버대학교 호텔관광MBA대학원 외래교수
- (현) 한국호텔관광실용전문학교 호텔관광경영, 국제호텔관광경영과 교수

김숙향

- 중국 푸단대학교 박사 졸업
- (현) 고려대학교 국제어학원 외래교수
- (현) 한국호텔관광실용전문학교 외래교수

최윤서

- 성균관대학교 교육대학원 석사 졸업
- (현) 한국호텔관광실용전문학교 외래교수
- (현) 아세아 항공직업전문학교 외래교수
- 삼성그룹, CJ그룹 출강

NCS 기반 호텔실무 중국어회화

2016년 5월 30일 초　판 1쇄 발행
2017년 8월 30일 개정판 1쇄 발행

지은이 이현주 · 김숙향 · 최윤서
펴낸이 진욱상
펴낸곳 백산출판사
교　정 편집부
본문디자인 박채린
표지디자인 오정은

등　록 1974년 1월 9일 제406-1974-000001호
주　소 경기도 파주시 회동길 370(백산빌딩 3층)
전　화 02-914-1621(代)
팩　스 031-955-9911
이메일 edit@ibaeksan.kr
홈페이지 www.ibaeksan.kr

ISBN 979-11-5763-396-8
값 20,000원